자살,
가장 불행한 선택

자살,
가장 불행한 선택

자살 (自殺) :
[명사] 스스로 자기의 목숨을 끊음

고유미 · 김언주 · 김정훈 · 김현희 · 심경란 · 조은숙

책과나무

미국 캘리포니아주 북서부에 '레드우드'라는 국립공원이 있습니다. 그곳 나무들은 보통 천 년이 훌쩍 넘었는데 하늘을 찌를 듯 그 높이가 대단합니다. 그런데 이 나무들이 오랜 세월 동안 생존할 수 있었던 이유는 무엇일까요?

대부분의 사람들은 깊은 뿌리 때문이라고 생각하지만, 나무의 크기에 비해 뿌리는 아주 얕습니다. 대신 서로 엉켜 있어서 가뭄이라도 오는 때에는 영양분이 부족한 나무에게 튼튼한 나무가 좋은 성분을 공급해 주어 공생할 수 있습니다.

자살예방도 이와 마찬가지가 아닐까요? 힘들고 지친 사람에게 먼저 손을 내밀어 주는 따뜻한 관심과 사랑이야말로 자살하려는 사람들에게 생명수와 같은 역할을 할 것입니다.

오늘을 살아가는 우리 모두는 참으로 힘겨운 삶을 살고 있습니다. 저마다의 시대를 거쳐 오면서 그 시대를 사는 사람들은 자신의 모습이 다들 힘들다고 합니다. 모두 자신들이 살고 있는 시대마다 고비가 있기 때문일 것입니다. 현시대는 저출산, 고령화 사

자살 · 가장 불행한 선택

회, 그리고 세계에서 가장 높은 자살률까지 그 힘듦이 말할 수 없이 깊습니다.

  대한민국에서는 매일 821명이 자살을 시도하고 있고, 하루 평균 42.6명이 스스로 목숨을 끊고 있습니다. 2010년 한 해동안 1만 5,566명이 자살로 사망했습니다. 인구 10만 명당 자살자가 33.5명으로, OECD 회원국 가운데 가장 높습니다. 10년째 '자살률 1위'라는 불명예스러운 자리를 여전히 지키고 있습니다. 2위는 헝가리 23.3명, 3위는 이웃나라 일본이 21.2명이고, 4위는 슬로베니아가 18.6명이며 나머지 선진국들은 12명 선 입니다.

  우리나라는 1997년 인구 10만 명당 13.1명이던 자살률은 2010년 33.5명을 넘어섰습니다. 지금 대한민국은 심각하고도 중요한 자살의 문제에 직면해 있습니다. 자살로 인한 피해는 자살자 본인뿐만 아니라 최소한 6명 이상의 주변 사람들에게 정신적 · 심리적 영향과 자살 위험을 전염시킵니다.

  베르테르 효과는 독일의 대문호이자 정치가였던 괴테의 작품 『젊은 베르테르의 슬픔』에서 유래된 것으로, 모방자살을 설명할 때 쓰이는 용어입니다. 소설 속의 주인공 베르테르를 모방한 당시의 권총자살이 유행이었던 것처럼 유명 연예인이나 사회 유명인사 자살 이후에 모방자살이 나타나는 것을 의미합니다.

  미국의 사회학자 데이비드 필립스는 자기파괴 결정을 내리는 데 미치는 매스미디어의 전염적 효과를 제시하였습니다. 자살 기사 조사를 시작으로 자살 기사의 보도량과 그다음 달의 자살률에 대한 데이터를 수집하였고, 그 결과 자살 기사 보도량이 많고 자세히 보도 할수록 다음 달의 자살도 증가했음을 밝혔습니다.

확실히 베르테르 효과는 있습니다. 그러나 반대로 베르테르 효과를 차단하는 방법도 있습니다. 1994년 전 세계적인 록밴드 너바나(Nirvana)의 리드싱어 커트 코베인은 권총자살로 사망했습니다. 커트 코베인이 자살한 이후 한 달 동안 15~24세의 청소년층을 대상으로 자살자 숫자를 조사한바 있는데, 결과적으로 1993년보다 사건 당해인 1994년의 자살률이 감소한 것을 발견하였습니다.

커트 코베인은 당시의 가장 유명한 가수였고 미디어의 영향에 가장 민감한 청소년들의 우상이었던 점을 감안할 때, 그의 자살이 미디어에 대대적으로 보도되었음에도 불구하고 자살률이 낮아진 것은 의외의 결과였습니다.

이 결과에 대한 해석에서 모방자살의 억제효과를 마틴과 쿠(Martin & Koo, 1997)는 커트 코베인의 미망인인 코트니 러브가 그의 자살 다음 날 유서를 공개하면서 그녀가 남편의 죽음을 낭만적으로 묘사하지 않고 자살에 대해 부정적으로 피력한 것이 자살 감소의 원인이었다고 말했습니다. 결국 베르테르 효과를 차단하기 위해서는 자살자의 유가족이나 친지들이 자살자에 대한 사실과 유서 등을 공개함으로써 타인에게 미칠 효과를 미리 차단하는 것이 가장 효과적입니다.

　전통적으로 이혼이나 사별, 무직은 자살의 위험요인으로 알려져 왔습니다. 우리나라에서도 사별이나 이혼한 사람들, 직업이 없는 사람들의 자살위험이 매우 높은 것으로 나타납니다. 남성 사별자나 이혼자들은 여성 사별자나 이혼자에 비해 자살의 위험이 매우 높습니다. 이들의 자살을 줄이기 위해서는 사회적 지지체계의 강화나 관리체계의 마련이 필요하며, 범국민적인 협력을 통해 예방적인 접근과 활동이 필요합니다.

　사람들은 자기 목숨을 갑작스럽게 결정하지 않습니다. 그러므로 우리는 그 사람이 위기를 무사히 지나갈 수 있도록 보호해야 합니다. 자기를 도울 수 있는 사람들이 있다는 방법을 인식하게 하여야 합니다. 지역사회가 자신의 문제를 해결할 수 있다고 믿고, 기관들은 적극적인 도움의 방법을 제공하여야 합니다.

　예방교육을 통해 저출산과 초고령화에 따르는 문제를 막는 데는 어려움이 있겠지만, 자살률만큼은 낮출 수 있습니다. 왜 자살할 수밖에 없었는지 그들의 아픔을 이해해 주고 감싸 주며 삶이 다할 때까지 인생을 살아가는 것이 얼마나 보람되고 행복한 길인지를 제시해 준다면, 자살예방교육과 자살예방캠페인으로 자살률은 분명 낮출 수 있을 것입니다.

사랑하는 내 가족이, 내 이웃이, 소중한 나의 친구들이 순간의 잘못된 선택으로 남겨진 사람들에게 큰 슬픔을 주는 안타까운 일이 더 이상 없어야 할 것입니다.

2016년 6월 27일
(사) 한국자살예방교육협회
대표 김 정 훈

| 목 차 |

2부 자살에 대한 오해와 진실

3부 자살을 예방하는 방법

가장 불행한 선택

자살

1

자살의 정의와 역사

자살이란 무엇인가
역사로 보는 자살의 이해
현재 대한민국은

I

자살이란
무엇인가

자살이란 말은 문자 그대로 '스스로 자기 목숨을 끊는 것'이다. 자살을 뜻하는 영어의 'suicide'라는 말로 라틴어에 어원을 둔 것으로, 'sui(자기 자신을)'와 'cide(죽인다)'의 두 낱말의 합성어로서 자기 자신을 죽인다는 말을 뜻한다.

그러므로 자살의 사전적 정의는 그 원인이 개인적이든 사회적이든 당사자가 자유의사에 의하여 자신의 목숨을 '치명적인 결과를 초래하는 자해행위'라고 할 수 있다. 여기에서 자해행위란 '어느 정도의 자살의도를 갖고 그 동기를 인지하면서 자기 자신에게 가한 상해'를 뜻한다.

결국 자살은 자살자 스스로가 자신의 행동에 대한 '인지여부'와 '죽음에 대한 선택'을 강조하고 있다. 이런 의미에서 자살은 '행위자 스스로를 죽이려는 의도를 가지고 행한 죽음'이라고 정의할 수 있다.

그러나 자살이란 자살자를 둘러싼 수없이 많은 요인들이 극도로 복잡한 유기적인 연관성을 갖는 현상들의 최종적인 산물로써 그 실체를 파악하고 이해하기엔 매우 어렵다. 따라서 이러한 자살을 이해하기 위해서는 다양한 측면에서 접근하는 방법을 이해할 필요가 있다.

∝∾ 일반적 관점 ∾∝

자살(自殺 suicide)이란 사전적인 의미에 의하면 고의적으로 스스로 자신의 목숨을 끊는 것으로, 무작위적이거나 목적이 없는 행동이 아니라 강렬한 고통을 초래하는 문제 혹은 위기로부터 탈출하고자 하는 방법이다. 즉, 행위자가 자신의 현실에 처해 있는 신체 또는 의식적 · 영혼적 고통에서 벗어나려는 의도로 죽음만이 자신의 고통을 소멸시킬 수 있다는 잘못된 오류적 판단으로 자신의 생명을 끊는 행위라 규정하고 있다. 쉽게 말해 자살이란, 당사자가 자신이 의도한 방법으로 자유의사에 의하여 자신의 생명을 중단하는 행위를 말하는 것이다.

죽음을 택하는 동기와 죽음이 미치는 영향에 따라서 자살의 의미는 전혀 다르게 이해되기도 한다. '스스로 목숨을 끊는 행위'라는 넓은 의미에서는 자살과 자결이 같지만, 죽음의 동기에서 바라보는 좁은 의미에서는 자살은 자결과 다른 의미로 사용되고 있다. 자결은 적극적이고 긍정적인 행위로서 죽음을 선택하지만, 통념적인 자살은 소극적이고 부정적인 행위로서 죽음을 선택한다. 자결은 정의로움에 대한 자신의 메시지를 전달하는 강력한 마지막 소통 수단이며 때로는 희생이 되지만, 자살은 환경에서 벗어나며 자신을 설명하는 소극적인 행위이며 대속의 희생이 되기도 한다. 자살한 사람은 바보로 불리지만, 자결한 사람은 열사로 기억되는 것도 죽음의 동기와 그 결과가 미치는 영향이 크게 다르기 때문이다.

고통이 극에 달하거나 편안하게 죽고 싶어 할 때 시행하는 안락사는 도덕적인 문제가 되기도 한다. 자기희생은 보통 자살로 여기지 않는데, 그 까닭은 죽음의 목적이 자살이 아니라 남을 구하는 것이기 때문이다.

☙ 종교적 관점 ☙

자살에 대한 관점은 종교적 관점에 따라 다양하다. 이는 대부분의 종교에서 죄나 부도덕한 행위로 여겨지며, 일부 법에서는 범죄로 보고 있고, 때로는 과거의 어떤 문화에서는 수치에서 벗어나야 하거나 희망이 없는 상태에서 명예로운 행위로 보는 경우도 있다.

종교나 명예, 삶의 의미는 자살의 중요한 원인이 되기도 한다. 대개 서유럽과 아시아에서는 자살을 부도덕한 행위로 여기며, 서구에서는 기독교 등의 영향으로 삶의 소중함을 중요하게 여겨 범죄로 간주하는 이들도 있다. 이슬람교와 불교, 힌두교에서는 자살을 부정적으로 여긴다. 그러나 일본의 사무라이는 자신들의 실수나 실패를 불명예로 여겨 할복하는 것을 명예로 여겼다. 이러한 생각은 2차 세계대전 때에 사용된 가미가제에서도 잘 나타난다. 이러한 영향으로 인해 일본은 자살률이 아주 높은 나라들 중 하나였다.

과거에는 인간은 신에 의해 창조된 피조물인 까닭에 엄밀한 의미에서 자신의 생명에 대한 소유권을 가지지 않았다는 생각으로, 즉 삶과 죽음의 결정권자는 신이지 인간이 될 수 없다는 의견이 지배적이었다. 이런 논리로 인간에게 주어진 생명은 어떤 이유에서든 침해되어서는 안 된다는 것이다.

그러나 신과 종교의 권위가 상실되어 가고 있는 현대 사회의 변화된 종교 환경에서 인간은 신의 형상대로 창조되었다는 데 만족하지 않고 자신의 생명을 스스로의 선택으로 결정해야 한다고 믿고 있다. 이에 따라 자살도 살인의 일종이며 기독교적 교리에서 말하는 살인금지에 해당하기 때문에 윤리적으로 금하고 있다는 사실도 점차 설득력을 잃어가고 있다.

◈ 법률적 관점 ◈

자신의 생명을 본인의 의지로 포기할 수는 있으나 그로 인한 주변인들의 정신적 손실과 기대가치의 소멸, 이해관계 사이에서의 금전적 손실 등의 불합리한 상황이 발생할 수 있으므로 개인의 생명에 대한 자유권보다 이런 부분이 더 보호할 가치가 있다고 인정되고 있다.

우리나라 형법에서 자살은 무죄이나, 형법 252조 2항 자살교사방조죄(1년 이상 10년 이하의 징역)와 형법 253조 위계위력살인죄(사형, 무기 또는 5년 이상의 징역)를 살인죄와 동일하게 처벌하고 있다. 자살교사방조죄는 타인이 자살하도록 교사하거나 방조하는 것을 말하며, 위셰위력살인죄는 위계나 위력으로 자살을 교사 또는 방조하는 경우를 말한다.

자살을 교사 방조하면 252조 2항 자살교사방조죄가 되어 1년 이상 10년 이하의 징역에 처하지만, "위계 또는 위력으로" 자살을 교사 방조하면 253조 위계위력살인죄가 되어 250조 살인죄와 같은 사형, 무기 또는 5년 이상의 징역에 처한다. 즉, 다른 사람이 자살하도록 부추기거나 그대로 둠으로써 죽도록 내버려 두는 자살교사방조(自殺敎唆幇助)에 높은 위치나 지위의 단계를 이용하거나 거짓으로 계략을 꾸미는 위계(僞計) 또한 매우 강하고 큰 힘 등의 강압과 같은 위력(威力)이 있었는가에 대한 사실 여부는 매우 중요하다.

위계위력살인죄는 살인죄에 준하여 처벌하는데, 예컨대 직접 칼로 찔러 살인하지 않고, 스스로 칼로 찔러 죽으라고 협박하여 자살케 한 경우로써, 살인과 별다른 차이가 없기 때문에 살인죄에 준하여 처벌한다고 명시하고 있다.

합의에 의하여 공동 자살하는 정사(情死) 또는 동사(同死)에 있어 양자 모두 사망한 때에는 문제없으나 한쪽이 살아남았을 때 형법 252조 2항에 따라 처벌할 것이냐에 대하여 통설·판례는 긍정적 견해를 갖는다. 공동자살자의 행위가 사망한 자에 대한 자살의 교사·방조에 해당하는 이상 스스로 자살을 시도하였다는 것만으로는 범죄성이 소멸하는 것은 아니기 때문이다. 촉탁 또는 승낙에 의한 살인의 유형에 해당하는 경우도 있을 수 있다. 이와 유사한 강제정사·위장정사, 유아를 동반하는 공사(共死) 등은 살인죄에 해당되므로 형법상 자살이 아닌 살인으로 다루고 있다.

THEMA 01

죽음의 의미

자살 문제를 논의하기 위해서는 죽음의 의미를 확실히 해야 한다. 죽음은 인간에게 있어서 가장 본래적이고 확실한 것이지만, 미경험 영역의 것이다. 죽음이란 인간 삶의 본질적 문제이지만 죽음이 나와는 상관이 없는 것 같이 생각하며 살아가는 경우가 많다.

죽음이란 인간이 가지고 있는 두려움과 공포의 대상이다. 그러므로 인간은 죽음을 멀리하고 삶 속에서 저만큼의 거리를 두고 살아가고 싶어 한다. 죽음이라는 단어는 항상 우리 앞에 가로놓여 있지만, 우리는 우리 모두의 삶 속에서 죽음을 멀리한 결과 죽음은 삶에 강한 영향력을 미치지 못한다.

그러나 '죽음'이라는 단어는 삶의 문제 속에서 분리하여 생활할 수 없는 게 사실이다. 이렇듯 죽음은 우리 인간들의 삶과 연결되어 있으므로 죽음을 두려움과 공포의 대상으로 여기는 것이 아니라 죽음의 실체를 인정하고 죽음을 품위 있고 존엄하게 맞을 수 있도록 성찰하여 살아갈 필요가 있다.

인간의 삶은 죽음 앞에서 한계 상황에 놓이게 된다. 인간은 한 번의 인생인 일회적인 삶을 살아가게 되고, 이러한 인생은 나 아닌 다른 사람이 대신해서 살아갈 수 없다. 유한한 인간의 삶이 유한성과 유일성으로 인해 그만큼 가치 있고 더 소중한 것일 수밖에 없는 이유다.

존엄한 죽음을 맞이할 수 있는 사람은 성공적인 삶을 살았다고 할 수 있을 것이다. 자기의 인생의 삶을 조화 있게 영위하는 사람들은 품위 있고 존경을 받으며 존엄한 모습으로 죽음을 맞이할 수 있을 것이다. 죽음을 삶에서 분리시키지 않고 인생의 일부인 삶속에서 늘, 언제나, 항상, 준비하는 인간다운 삶을 살아갈 수 있다.

자살로 인한 죽음은 이 세상에서 가장 불행한 죽음을 맞는 것이다. 자살의 선택은 행복한 삶을 살아가야 할 인간의 최대 권리를 포기하는 것과 같다. 또한 존엄한 죽음을 죽을 권리를 포기한 것과도 같다. 자살이란 자기 자신에게 폭력을 가하는 살인행위로서 인위적으로 자기의 목숨을 끊는 것이다.

그러므로 위기교육은 인간의 삶을 마감하는 죽음에 대비하는 교육이 필요하다. 죽음에 대한 준비는 죽음을 준비하는 것이 아니라 행복한 삶을 진행하는 것이다.

II

역사로 보는
자살의 이해

　인류 최초의 자살에 대해서는 원시 노년층이 자연 도태되면서 시작되었을 것이라는 의견이 많다. 먹고사는 것이 가장 큰 문제였던 원시시대에는 생산력이 떨어지는 노년층이 스스로 목숨을 끊었을 것으로 추정한다.

　고대시대에는 원시시대의 자살 원인을 포함해 철학적인 이유가 추가됐다. 자살에 대해 '철학적 인간이 최종적으로 탐구하는 과정'이라는 경향이 지식인 계층에 퍼져 있어 노쇠하면 깨끗하게 자결하는 풍조가 생긴 것이다. 자살이 미화되어 있던 고대시대를 지나고 교부시대를 거치면서 중세시대는 기독교가 모든 것을 지배했던 시기였다. 성경에 '자살은 죄악'이라고 표현되어 있었기 때문에 자살의 미화는 더 이상 이어지지 않게 된다. 우리나라 역시 뿌리 깊은 유교사상으로 인해 자살이 죄악시되어 왔지만 여성의 은장도 문화 등 명예를 위한 자살은 긍정적으로 인식되었다.

근대에 들어와서 자살은 심각한 사회적 문제로 대두됐다. 특히 프랑스의 사회학자 에밀 뒤르켐(Emile Durkheim, 1858~1917)은 1897년에 발표한 저서 『자살론(Le suicide)』에서 자살은 엄연히 사회 현상이며 자살의 원인 역시 사회적이라고 주장했다. 그는 자살을 일상적인 현실과 좀처럼 타협 또는 적응하지 못하는 사람들의 '이기적인 자살', 자신이 속한 사회 또는 집단에 지나치게 밀착된 사람들의 '이타적 자살', 당연하게 여겨지던 가치관이나 사회 규범이 혼란 상태에 빠진 사람들의 '아노미적 자살'로 분류한다. 이때 정신질환자의 자살은 '이기적인 자살'에, 일본군 자살특공대 가미가제의 자살은 '이타적 자살'에 해당된다.

에밀 뒤르켐에 의하면, 현대 사회를 살아가는 개인들은 자신을 지지하는 도덕규범과 정체성과 공동체적 생활이 없을 때, 자연스럽게 이기주의와 아노미적 삶에 노출된다. 그리고 현대인의 이러한 "사회적 정체성"의 결여와 "연대성의 실종"은 그 구성원들에게 사회해체로 인식된다. 그리고 이러한 병적 사회상황은 그 안에서 살아가는 사회 구성원들에게 이기적 생존 본능만을 부추길 뿐, 자신의 생존을 위한 삶이 좌절될 때 종종 우울증과 환멸감을 불러일으킨다. 현대사회를 살아가는 개인이 이러한 사회적 상황에 처했을 때, 현대사회의 중심적 가치인 "인간의 존엄성"과 "어려운 위치에 있는 동료들에 대한 배려의 정신"을 잃어버리기 쉽다는 것이 뒤르켐과 그 학파의 사회학적 진단이다.

과학이 발달하면서 존스 홉킨스대학교의 버지니아 월로우어 박사가 조울증 환자들의 자살충동을 유발시키는 유전자를 발견했다. 2번 염색체에 국소적으로 자살을 유도할 가능성이 높은 유전자가 존재하는데 이 중 ACP1이라는 유전자의 단백질 농도가 보통 수준을 넘어서면 자살에 이르게 된다고 밝혔다.

우리나라의 인구 10만 명당 자살 사망자수는 31.7명으로 1년 전 통계와 비교하면 19.3%가 증가했다. 이는 10년 전보다 2.2배나 증가한 것으로 OECD 국가의 최고치를 기록한다. 우리나라가 OECD 자살률 1위라는 오명에서 벗어나기 위해서는 자살을 개인적 문제로 치부할 것이 아니라 자살에 대한 다각적 접근과 검토가 필요할 것이다.

☙ 고대의 자살 ❧

고대 그리스 · 로마 시대의 초기에는 철학적인 이유로 자살이 비교적 긍정적으로 이해되었고, 때로는 자발적으로 죽음을 선택한 사람들에게 어떤 의미에서는 찬사를 보낸 것을 알 수 있다. 확실히 고대 그리스 · 로마 시대에는 자살이 지금보다는 훨씬 용이하게 받아들여졌다고 할 수 있다.

문학상에서의 자살은 그것을 영웅적인 것으로 간주하는 호머(Homer)의 '오디세이'에 등장하는 에피카스테(Epicaste)로 거슬러 올라간다. 에피카스테는 메노이케우스의 딸이며 크레온의 여동생이다. 테베의 왕 라이오스의 아내가 되어 오이디푸스를 낳았으나, 미래에 "아비를 죽이고 어미를 범할 것"이라는 예언 때문에 산속에 버렸다. 성장한 오이디푸스는 우발적으로 라이오스를 죽였고 에피카스테는 아들인 줄 모르고 그와 결혼하였다. 오이디푸스와의 사이에서 에테오클레스와 플리네이케스 형제, 안티고네와 이스메네 자매를 낳은 그녀는 뒤늦게 오이디푸스가 자신의 아들임을 알고 나서 목매달아 죽었다.

하지만 후기 그리스·로마 시대로 접어들면서 신성에 대한 모독, 인간에 대한 범죄, 자기 자신에 대한 살인이라는 점에서 자살은 죄악으로 여겨져 금기시되었고, 뒤이어 기독교가 지배적인 종교로 자리 잡자 자살에 대한 부정적 시각이 보다 더욱 확고해지게 된다. 자살을 죄악과 동일시하여 자살에 대한 언급 자체를 금기시하는 경향은 중세를 훨씬 지날 때까지 내내 서구 사회를 지배했다.

그리고 19세기에 이르러서 자살은 악이나 죄의 표상보다는 점차 하나의 질병적 증후(症候)로 간주되기 시작한다. 프로이드는 그 증후의 주체를 개인으로 보고 자살을 광기나 우울증, 신경쇠약, 자아 분열 등과 같은 의학적 혹은 심리학적인 병리현상과 관련된 증후로 간주한 반면, 뒤르켐의 경우에는 자살을 사회적인 현상으로 파악하여 하나의 문화권 내에서 발생하는 집합적 증후로 간주하였다. 19세기 말부터 자살에 대한 인류학적 해석들이 이루어지면서 자살은 비로소 터부도 아니고 하나의 단순한 사건도 아닌, 하나의 현상으로 인정되고 평가되기 시작했다.

자살의 영혼론(靈魂論)에 대한 입장

고대는 기독교가 일정한 틀을 이루기 전이다. 이때 기독교는 보편적인 고대 종교와 어깨를 나란히 하면서 일반 대중종교가 중요시하는 몇 가지 개념들을 보편적으로 공유하고 있었다. 예를 들어 신(神)은 불가시적이고 초인간적인 영원한 힘으로 인간의 운명을 통제하시는 분으로 믿고 있었다. 여기에 기도, 의식(儀式)이나 제사에 의해 예배되고 회유되는 힘들의 실존을 믿은 것이다.

이 시대에는 신, 우주 그리고 자연이 관심사이던 시대적 상황에서 우주의 생성을 밝히려는 그리스의 철학이 그 중심을 차지했다. 이때의 관심은 물리적 우주와 인간의 영혼을 설명하려고 노력하던 때이기도 했다. 그중에서도 인간의 영혼은 비물질적인 것이면서 물질 안에 갇힌 것으로 생각했다. 이러한 시대적 상황에서 우주의 생성을 밝히려는 그리스 철학이 그 중심을 차지했다. 그리스 철학자로서 우리에게 가장 잘 알려져 있는 소크라테스와 플라톤, 아리스토텔레스의 철학관을 통해 고대의 자살에 대해 이해해 보자.

소크라테스 : 생명의 주인에게 죄를 지음

신, 우주 그리고 자연에 관심을 갖던 시대에 획기적인 전환을 이룩한 사람이 바로 소크라테스다. 그는 철학자들이 외부적인 부분만 관심을 갖던 당시 풍조에서 인간의 영혼으로 그 방향을 돌리게 만들었다. 신이 우주와 인간을 만든 '주인'으로 인식(된 것이다. 그러나 이제 그에게)되던 풍조에서 신이 만든 우주에서 살아가야 하는 인간, 그 영혼이 중요시된 것이다.

그에게 중요한 사고의 대상은 우주가 아니라 인간 그 자체였다. 그는 인간을 이성(理性)을 사용하여 신의 뜻을 따라 살아가야 하는 존재로 그는 이해했다. 다시 말하면 인간의 영혼은 도덕성을 기초로 신중성과 절제, 용기와 정의 등의 덕(德)으로 올바른 삶을 살아가야 하는 존재다. 이런 시각에서 자살은 "생명의 주인 되시는 분의 뜻을 거스르는 것"으로 이해된다. 인간이 스스로 생명을 함부로 해서는 안 된다는 깃을 상징하고 있는 것이다.

소크라테스는 "인간은 자기의 감옥의 문을 두드릴 권리가 없는 죄인(囚人)이다… 인간은 신이 소환할 때까지 기다려야 하며, 스스로 생명을 빼앗아서는 안 된다"고 말한다. 그에게 자살은 생명의 주인이신 하나님의 뜻을 거스르는 것으로 이해되는 것이다. 인간은 스스로 생명을 함부로 해서는 안 된다는 뜻이다.

플라톤 : 자신의 생명에 상처를 주는 행위

신비적 경건을 소유한 그는 보이지 않는 세계에 존재하는 불변의 원초적 영혼을 설명한다. 그는 특히 인간의 영혼이란 육체 이전에 존재하는 것으로서 육체와는 별개의 것이면서 육체의 파멸 후에도 죽지 않는다는 이른바 '영혼불멸론'을 역설했다. 영혼은 육체가 갖지 못하는 불멸성을 갖는다는 것이다. 이 영혼은 이데아를 고향으로 진선미를 추구하며 인격적인 신과 만나고 이 세계와 교제하는 가운데서 최고의 만족을 발견한다. 이런 점에서 플라톤은 자살을 "스스로 영혼을 육체로부터 풀어 주는 행위"로 이해한다.

플라톤은 파이돈(Phaedon)에서 자살이란 신체에서 영혼을 스스로 풀어 주는 것으로 보았지만, 나중에 율법(Nomoi)에서는 자살을 매우 수치스러운 것으로 규정(規定), "죽음의 의도와 동기를 의식하면서 자신에게 손상을 입히는 행위"로 정의하고 있다. 스스로 생명을 파괴하여 죽음을 초래하는 경우로 보는 것이다. 이런 관점은 자살이 자기 자신에게 손상을 입히는 행위로서 어느 정도의 의도를 가지고 동기를 인지하면서 자기 자신에게 행한 상해(傷害)라는 견해다. 이런 견해는 인간의 영혼이란 하나님이 내린 것이기에 자살은 인간이 스스로를, 그리고 함부로 할 수 없는 행위를 저지르는 것이 된다. 그러기에 자살은 신체에서 스스로 영혼을 풀어주는 행위로 신의 뜻에 위배되는 잘못이라고 보았던 것이다. 그런 이유로 플라톤은 자살이란 매우 수치스러운 행위이기에 자살자는 '묘비(墓碑)도 없이 묻어야만 한다'고 역설(力說)했을 것이다.

그러나 이런 매정한 정죄적 관점과는 달리 자살자의 예외적인 경우를 두고 있다는 점이 특이하다. 예를 들어, 마음이 도덕적으로 매우 타락하여 구원받을 여지가 없는 경우, 소크라테스처럼 법정의 판결에 의한 자살인 경우, 피할 수 없는 최악의 개인적인 불행 때문에 도무지 자살을 하지 않을 수 없는 경우, 누가 봐도 불법한 행위를 저질렀다는 수치심 때문에 자살한 경우 등이다. 그러나 이런 경우들에서도 용서는 될 수 있지만 자살행위 자체는 개인이 저지른 비겁한 짓으로 비난받는 것을 면치 못한다고 규정했다. 그러나 이런 예외적인 경우들은 현대의 자살을 이해하는 단초를 만들었다고 볼 수 있을 것이다.

아리스토텔레스

『니코마스 윤리학(Nicomachean Ethics)』에서 그는 "자살은 불법적인 것이고 벌을 받아 마땅한 것"이라고 주장했다. 그러면서 "자살은 그 사람 자신에게는 부정이 될 수 없다 해도 국가에 대해서는 하나의 부정이 아닐 수 없다."고 덧붙인다. 그에게 있어서 가난이나 연애, 그 외에 어떤 괴로움을 피하기 위해 자기 생명을 끊어 버리는 행위는 용감한 사람들이 해야 할 일이 아니라 도리어 겁쟁이가 하는 일이다.

☙ 중세의 자살 ☙

자살을 죄악과 동일시했던 중세 시대에는 18세기에 들어서면서 '자살'이라는 단어가 처음으로 사용되었다. 이 시기에는 자살이 하나의 범죄, 그것도 이중의 혐의가 있는 매우 중대하고도 심각한 범죄로 간주되었다.

우선은 신에 대한 불경죄였다. 자살은 하나의 유린이기에 '악마의 승리'라는 비난과 동시에 지옥에나 떨어져야 마땅한 범죄였다. 그래서 그들의 주검은 보통 사람들처럼 신성한 땅에 매장되지도 못했고, 살아 있는 자들의 공동체뿐만 아니라 죽은 자들의 공동체로부터도 떨어져 묻혀야 했다.

게다가 자살은 오직 자신만이 법과 권한을 행사하고 그 법의 권위를 지키고 공소를 유지해야 할 군주의 권한을 사취하는 것이기에 인간에 대한 불경죄, 즉 형법상의 범죄로도 간주되었다.

르네상스 시대

르네상스는 실로 오랫동안 신 중심이라는 중세의 그림자 속에 파묻혀 있던 인간의 이성이 자유롭게 날개를 달고 학술, 문예, 미술 등의 분야에서 새로운 자아에 눈뜬 시기다. 그럼에도 신 중심의 권위에서 말끔히 벗어나지는 못했다. 영국에서는 10세기 말 에드가 왕이 자살한 사람을 절도범이나 다른 범죄자들과 동일하게 취급했고, 자살한 사람의 시체를 나무막대기에 묶어 거리에 세웠다.

단테(Dante Alighienter)의 『신곡』에는 '자살하면 지옥 간다'는 사상이 담겨 있다. 신곡(神曲, La Divina Commedia)은 단테가 7일 동안 하나님의 세계를 여행한 문학적 상상의 기록으로, 여행자 단테가 여행안내자 베르길리우스, 베아트리체와 함께 지옥-연옥-천국을 여행하면서 그곳에서 수백 명의 신화 속, 역사 속 인물들을 만나 이야기를 나누며 기독교 신앙에 바탕을 둔 죄와 벌, 기다림과 구원에 관한 철학적·윤리적 고찰과 더불어 중세의 신학과 천문학적 세계관을 광범위하게 전하고 있다.

단테는 신곡을 쓰면서 자살한 사람을 지하 7층인 지옥의 7번째 원(圓)에 뒀다. 사탄이 지하 9층 밑에 있으니 사탄과 가까운 곳에 둬 자살을 정죄한 것이다. 그뿐만 아니라 단테는 자살한 사람은 최후의 심판 후에도 부활할 수 없다고 했다. 단테가 신곡의 '지옥편(inferno)'에서 상상했던 지옥의 끔찍한 모습들은 훗날 프랑스 미술가 구스타프 도래(Gustave Dore)의 일러스트레이션에 잘 나타나 있다.

온통 어둡고 사악한 기운이 도는 가운데 머리와 다리가 잘려 나가 극심한 고통을 겪는 사람들, 그곳에서 자살한 사람들은 자신의 몸을 뚫고 자란 가시 난 나뭇가지를 달고 있는 형태를 하고 있다. 단테는 이들에 대해 스스로 육신을 포기한 몸이므로, 최후의 심판 후에도 부활할 수 없다고 주장한다.

그러던 것이 르네상스 후기에 이르면, 자살에 대한 틈이 약간 보이기 시작한다. 특히 12~13세기의 소설과 시에는 영웅과 미인들의 명예나 사랑이 의도된 죽음으로 끝나는 일화들이 다수 수록되어 있다. 문학 영역에서 자살에 대한 미화가 일어난 것이다. 그중에서 토마스 모어(Thomas More)와 몽테뉴(Michel Eyguem de Montaigne)가 대표적이다.

토마스 모어는 『유토피아(Utopia)』에서 고통이나 치료될 수 없는 질병으로 괴로움을 당하는 사람들에게 자살을 허용하는 것처럼 표현했다. 이런 입장은 물론 작품의 특성이 풍자적이고 환상적인 경향 때문에 그 진위에 의문이 남는 것은 사실이다. 그리고 몽테뉴는 『수상록(Essias)』에서 자살 사례와 자살을 칭송한 로마 작가들의 글을 인용한다. 그의 의도는 자살을 개인의 판단이나 양심의 문제로 생각하자는 데 있었을 것이다.

이런 분위기가 있었지만 부분적이었을 뿐, 여전히 사회에서 자살을 허용하거나 인정하는 분위기는 아니었다. 다만 부분적으로 자살에 대한 정당성이 제기됐던 것으로 보아야 한다.

자살, 가장 불행한 선택

계몽주의 시대

계몽주의는 이성(理性)의 기능을 우선시하고 그 중요성을 인식하기 위한 운동이다. 인간은 생각하고 판단하는 이성을 가진 존재이며, 이성은 주체로서 인간을 다른 동물과 비교되게 만드는 또렷한 특성이다. 그런 이유로 이성의 특성은 더욱 합리주의를 발달시켜 신학에서도 신화나 신비주의를 미신적인 것으로 보기에 이른다.

이러한 시대적 흐름에 맞추어, 인간의 이성이 주체가 되는 가운데 자살을 파악하려는 관점이 대두되었다. 여기에 데이비드 흄(David Hume)이 그 선봉에 선다. 흄은 그의 미발표 저서인 『자살에 관하여(On Suicide)』에서 "우리가 타인에게 실질적으로 큰 부담이 되는 경우와 같이 극단적인 상황이라면 자살은 단지 죄가 되지 않을 뿐 아니라 오히려 칭찬받아 마땅한 일이 된다."고 주장했다.

그는 질병과 노화, 불행 등은 인간의 삶을 충분히 비참하게 만들 수 있으며, 그럴 땐 사는 것이 때로 죽는 것만 못하기 때문에 자살이 우리 자신에 대한 의무를 위반하는 것이 아니라고 말한다. 여러 여건을 고려해 자살하는 것이 우리가 행복해지는 것이라고 이성적으로 판단된다면, 자살하는 것이 곧 질서를 따르는 것이 된다는 입장이다.

여기서 우리는 한 가지를 조심해야 한다. 계몽주의가 전반적으로 자살에 대해 상당히 허용적인 입장을 취한 것만은 아니라는 점이다. 실제로 칸트는 자살에 대해 가장 반대적인 입장을 취한 사람 중 한 명이다. 칸트는 개인의 자율적인 이성적 의지에서 도덕적 가치가 나온다는 입장을 견지했다. 개인의 이성적 의지는 도덕적 의무의 원천이기에 그 이성이 자신을 파괴하도록 허용할 수 없다는 것이다. 그는 자살에 자신을 맡기는 것은 인간성을 실추시키는 행위요, 도덕적 권위의 근원을 공격하는 모순이라고 주장했다.

낭만주의 시대

이 시대에는 인간의 지성과 규범 등을 절대시한 고전주의에 대한 반발로, 종교 · 도덕 · 형식주의를 부정하고 인간 내면의 진실과 감정을 중시하며, 주로 연애, 자연, 동심의 세계를 다룬다.

18세기 말, 독일에서 괴테가 『젊은 베르테르의 슬픔』을 쓴 것은 이러한 낭만주의의 흐름에 불을 당겼다. 괴테가 자신의 이야기에서 상당 부분을 가져온 이 소설에서 젊은 베르테르는 다른 남자와 곧 결혼하게 될 로테와 사랑에 빠지지만, 그 사랑을 이룰 수 없게 되자 권총으로 자살한다. 이 소설은 출간 즉시 '베르테르 열기'라 불릴 만큼 엄청난 인기를 끌었고, 당시 무명 작가였던 괴테를 단숨에 유명인 대열에 올려놓았다.

그러나 그를 유명하게 만든 베르테르의 열기는 곧 당시 사람들이 소설 속 베르테르의 죽음을 모방해 자살하는 데까지 영향을 끼쳤다. 이런 부정적 상태는 세상살이가 너무나 힘들어 "나는 하나님 곁으로 가노라!"고 유서로 남기는 형태에서 그 단면을 볼 수 있다. 낭만주의 입장에서는 자살을 허용하고 합리화시키려는 태도가 역력하다. 낭만주의 입장이 개인의 자유를 강하게 전제로 했기 때문이다.

이러한 입장에서는 행위의 목적이나 선악 판단의 기준을 오로지 개인의 이익과 행복으로 둔다는 점을 간과할 수 없다. 낭만주의의 입장이 일면 치우친 측면이 있지만, 그동안 자살자의 상황이나 입장이 전혀 고려되지 않은 점을 환기시켰다는 점에서는 평가받을 수 있을 것이다.

◈ 근대의 자살 ◈

19~20세기는 이전 시대와는 전혀 다른 양상이 전개된다. 이 시대는 일관되게 사회 상황에 영향을 끼치던 이전의 사상과는 달리 다양한 사상이 복합적·혼합적으로 지배했다. 이 시대는 존재에서 개인의 주체성을 강조하는 실존주의가 등장하고, '있는 그대로'를 중요시하는 사실주의, 복합성을 표현하는 양식의 상징주의, 그리고 모더니즘 등이 다양하게 작용했다.

이런 시대적 다양성은 자살에 대해서도 다양한 관점이 제기되는 양상을 도출하게 했다. 자살 논의는 이미 계몽주의 때부터 어느 정도 문이 열리면서 낭만주의에 이르러는 반드시 죄가 아니라는 관점으로까지 논의되다가 이제는 자살의 이유와 동기에 대해 상당히 다양한 관점이 제기된다.

오늘날에는 자살은 이제 더 이상 접근이 금지된 터부도 아니거니와 신의 실수로 일어난 하나의 단순한 사건도 아니다. 자살은 하나의 현상으로 인정되고 평가되고, 특히 그 자체가 한 희생자로의 행위라고 인식된다. 이것이 19세기 말부터 이루어진 인류학적 해석들이 다 다른 자살에 대한 결론인 셈이다. 이런 맥락 속에서 이른바 '철학적 자살'이라는 용어가 정착될 정도로 자살의 정당성을 인정해야 하는 것인가 하는 문제가 대두되었다. 자살에 관한 한 정말로 '회의의 시대'에 접어들어 버린 것이다.

쇼펜하우어

자살은 맹목적 의지를 극복하는 것이 아니라 회피이고 굴복

19세기 쇼펜하우어(Arthur Schopenhauer)는 삶의 의지력이 결핍된 현상에 주목했다. 인간의 삶은 허탈한 의지로 인해 끊임없는 욕구가 이어지면서 고통일 수밖에 없다고 주장했다. 이런 사상은 여러 젊은이들을 자살에 이르게 했던 것으로 알려져 있다.

　물론 그의 사상은 상당히 오해된 측면이 없지 않다. 그는 자살을 권유한 것이 아니라, 오히려 맹목적인 삶을 의지로 이겨야 된다고 설파했기 때문이다. 이런 이유로 쇼펜하우어는 자살자가 맹목적인 삶의 의지를 포기하는 것이 아니라 삶 그 자체를 포기하는 것에 불과하다고 했다. 그러니까 자살은 맹목적 의지를 극복하는 것이 아니라 오히려 굴복하는 것이라고 말한 것이다.

까뮈

자살은 삶의 부조리를 직면하고 포용하는 책임을 포기하는 것

실존주의는 겉으로 삶의 부조리와 모순을 지적했지만, 실제로는

그 부조리와 모순에 대항해 살 것을 권유한다. 여기에 까뮈(Albert Camus)를 지나칠 수 없을 것이다. 까뮈는 시지프스 신화에서 인간의 부조리를 다룬다. 산 위에서 굴러떨어진 코카서스 바위를 굴려 산 위에 오르면 다시 굴러 떨어지는 것을 삶의 부조리로 설명하며, 그래도 그 부조리에 맞서 용감하게 싸울 것을 강조했다. 이는 자살의 유혹에 저항할 것을 강조하는 것이나 다름없다.

실제로 까뮈는 자살이 삶의 부조리로부터 해방시켜 주고 자유를 가져다 줄 것처럼 유혹하지만, 자살은 삶의 부조리를 직면하고 포용하는 책임을 포기하는 것이라고 주장하였다.

정신의학자들

카톨릭은 20세기 들어 자살자 장례 허용

정신의학자들은 자살이 정신분열증이나 우울증 같은 질병과 관련됨을 인식하고 치료를 주장했다. 19세기 정신의학 분야의 권위자들은 자살자들을 심신상실자로 보고 있다. 실제로 우울증은 여러 정신질병 중에서 자살률을 가장 높게 점유하는 증상으로 알려져 있다. 자살하거나 자살을 시도하는 사람들의 95% 이상이 당시에 심리 및 정신적 장애를 갖고 있음이 드러났고, 그중에서도 우울증이 80%를 점유한 것으로 보고 있다.

자살과 정신질병의 원인론적 분위기는 교회에도 반영되어, 가톨릭에서는 1917년 제정된 종교법에 자살한 사람들의 장례식에 대한 조항을 개정하기에 이른다. 의사의 증명서를 통해 정신착란이나 이성을 잃은 상태에서 죽음이 일어났다는 것만 증명하면 모든 종교적인 장례식이 허용됐다. 이는 자살한 사람도 교회의 심판 없이 자유롭게 장례를 치를 수 있게 되었음을 의미한다. 이렇게 해서 자살은 교회에서도 더 이상 범죄가 아닌 일종의 정신병으로 취급되기 시작했다.

뒤르켐

사회학적 관점에서는 사회의 병리적 현상 중 하나

사회학적인 관점에서는 자살을 사회현상의 하나로 간주한다. 에밀 뒤르켐(E. Durkheim)은 자살이 사회가 현대화되는 과정에서 부산물로 나타나는 소외나 혼돈 상태의 아노미 현상 등 사회적 질병을 반영한다고 주장했다. 사회 구성원의 행위를 규제하는 공통된 가치나 도덕적 규범이 상실된 혼돈의 상태라는 것이다. 이런 관점은 뒤르켐이 자살을 하나의 사회적인 현상으로 다루는 것을 의미한다.

뒤르켐의 자살이론은 두 개의 사회적 차원에 근거를 두고 있다. 하나는 사회적 통합(integaration)이고, 다른 하나는 사회적 조정(regulation)이다. 이런 사회학적인 관점에서 자살의 요인은 단지 전체 사회의 수준에서 감지되는 자살자의 행위와 관련되는 점이 일차적이다.

여기에 사회적 측면에서 자살의 특성에 따라 유형화를 시도하는데, 순전히 자신만을 위해서 죽는 이기적 자살, 타인을 위해서 죽는 이타적 자살, 사회가 무질서하게 되어 붕괴되는 상황에서 일어나는 아노미성 그리고 절망적 상황에서 일어나는 운명론적 자살 등으로 구분한다.

사회학적 관점의 자살에서 기독교인의 자살은 운명론적 자살에 가깝다. 운명론적 자살은 자기 삶의 조건을 바꿀 수 있는 능력이 조금도 없다고 생각할 때 일어나는데, 이 상황에서 신앙은 상당히 무력화된 상태임은 물론이다. 그러기에 운명론적 자살은 힘들고도 어려운 상황에서 그것을 도저히 견디어 내거나 극복할 수 없다고 생각될 때 자살로 그 분출구를 찾는 현상이라고 보아야 한다.

자살은 이제 더 이상 죄가 아니라 불행한 사건으로 자살할 가능성이 있는 자살 고위험에 처한 사람들을 사전에 교육하고 예방하는 등 더 적극적으로 대처해야 한다.

최근에는 의학의 발전에 따라 안락사(euthanasia or physician assisted suicide)와 도저히 살아날 가망이 없는 환자의 존엄하게 죽을 권리 등이 문제되는 시대이기도 하다. 이는 우리 시대에 진정으로 생명에 대한 더욱 깊이 있는 이해와 논의가 필요함을 의미한다. 이러한 생명의 이해와 더불어 자살은 더욱 다각도로 연구되어야 할 것이다.

자기희생적 자살

자기희생적 자살이란, 자신의 몸을 던져 타인을 구하는 자살을 말한다. 자신이 죽음으로써 여론을 만들어 힘을 가진 단체, 또는 정부 당국으로부터 요구를 이끌어 낸다. 이처럼 자기희생적 자살은 자신을 희생하는 죽음을 통해 목표를 달성하려는 특성을 갖는다.

그러나 자기희생적 자살은 일단 두 가지 전제를 충족시켜야 한다. 일단 자신의 죽음이 많은 사람들에게 정당한 것으로 인정받아야 하고, 다음으로는 상대방, 즉 적(敵)으로 생각되는 대상을 세상 사람들에게 널리 알려 심각한 타격을 입힐 수 있어야 한다. 이런 자기희생적 자살에는 다음 유형들이 있다.

애국적 자살

애국적 자살은 나라를 위해 자기 목숨을 던지는 행위다. 자신의 목숨을 국가를 위해 기꺼이 바치는 숭고한 죽음이기도 하다. 1942년 촬영된 나치의 초대작 영화의 마지막 장면은 여주인공이 "나는 조국을 너무나 사랑했습니다. 그래서 죽어야만 합니다."라고 말하고 자살한다. 이것은 괴벨스가 독일 제국의 위대함을 선전하기 위해 의도적으로 집어 넣은 것이지만, 애국적인 죽음이라는 점은 분명하다.

애국적 자살은 너무나 그 명분이 분명해 여러 말로 설명할 필요가 없다. 우리는 그런 사실을 이미 교과서를 통해 많이 접했다.

물론 나라를 위해 스스로 목숨을 바친 사람들을 모두 애국적 자살로 분류할 수는 없다. 자신이 죽을 것을 알면서도 스스로 목숨을 내어놓은 사람들로 한정해야 한다.

이타적 자살

이타적 자살은 자기 목숨을 던져 다른 사람을 살리려는 마음이 포함된다. 고(故) 강재구 소령(1937~1965)이 바로 대표적인 인물이다. 1960년 육군사관학교를 제16기생으로 졸업, 육군 소위로 임관됐고 수도사단에 배속된 후, 전후방 각 부대에 전속된 뒤 대위로 진급했다. 1965년 한국군 1개 사단의 월남 파병이 결정되자, 자원하여 맹호부대 제1연대 제10중대장이 되었다.

출발하기 전인 10월 4일, 홍천(洪川) 부근에서 수류탄 투척훈련 중 부하 사병의 실수로 수류탄이 중대원이 있는 한가운데로 떨어지자, 몸으로 수류탄을 덮쳐 수많은 부하의 생명을 구하고 산화했다. 수류탄이 터지면 모두 죽는 상황에서 자신이 그 수류탄을 껴안고 죽음으로써 여러 부하들의 생명을 건진 것이다.

물론 이런 죽음이 자살이냐 자기희생이냐의 문제는 사회가 가지고 있는 가치 판단에 의해 구별된다. 그 행위가 사회를 위한 것인지 아닌지를 판단하는 것도 사회이기 때문이다. 사회가 그 행위를 인정할 경우, 그러한 자기 파괴를 자살과 동일시하지 않고 승화시켜 '자기희생'이라고 부른다.

그러나 자살이라는 측면에서 생각하면 자기희생적인 자살이라 해도 그 근본은 다르지 않다. 다만 그 행위에 미치는 감정적 · 정열적 · 이성적 성격이 다를 뿐이다. 이런 점에서는 가치 체계를 결부시켜야 하지만, 여기서는 '희생적 자살'이라는 특별한 '자기 죽음'에 대해서만 이야기해야 한다.

단식투쟁적 자살

단식투쟁적 자살은 특별한 목적을 위해 단식하다 자기 목숨을 바치는 행위다. 도저히 받아들여지지 않은 문제를 두고 단식해 주변의 이목을 집중시키고, 해결되지 않으면 죽음도 불사하겠다는 강한 의지를 보이다 죽는 것이다. 이는 성격상 사회적 문제뿐만 아니라 종교적 문제에도 관련되는 경우가 많다. 그런 이유로 현대에 와서는 강력한 위협 수단으로 자주 이용되고 있는 편이다.

단식투쟁적 자살은 상황 반전을 위해 가장 강력한 무기로 활용된다. 정치권력과 결부된 경우에는 더욱 그렇다. 때로 이런 투쟁은 처음에는 죽으려 하지 않았으나 점차 상황의 진전이 없는 것을 보고 죽음으로 치닫는 경우도 있다. 실제로 죽음에 이르는 경우도 흔히 있다. 이를테면 아일랜드 공화국 군대는 항상 단식투쟁을 무기로 삼았다. 수많은 지도자들은 내전 중 투옥되면 단식투쟁으로 사람들의 이목을 끌면서 죽어 갔다. 그 중 프랑시스 휴즈, 보비 상드, 프라이즈 자매 등이 유명하다.

어떤 경우든 단식투쟁을 하는 사람들의 목적은 비극적인 방법으로 사람들의 이목을 집중시키고 죽겠다고 위협해 자신들의 이념을 알리는 것, 그리고 해결책이 보이지 않던 상황을 변화시키는 것이다. 그러나 이 경우에도 고위 성직자들의 '단식 투쟁에 의한 자살'에 대한 의견은 크게 두 가지로 분류되고 있다는 점이 특이하다.

프랑스의 유력한 성직자들 대부분과 웨스트민스터사원 대주교는 "죽음에 이르는 단식투쟁은 폭력이다. 이것을 신의 의지에 부합된다고 볼 수 없다."고 생각하지만, 교황청 내 일부에서는 단식투쟁에 대해 얼마간의 종교적 정당성을 인정하고 있다.

여기서 우리는 한 가지를 구분해야 한다. 단식에 의한 자살과 희생은 엄격히 구별할 필요가 있다는 점이다. 희생은 '신에게 경의', '영혼의 구제', '동포에 대한 봉사' 같은 대의를 위해 누군가 목숨을 버리거나 그 지경에 이르는 것이다. 그런 이유로 단식 투쟁이 정당화되려면 적어도 세 가지 조건이 갖춰져야 한다. 정당한 이유가 있을 것, 최후의 유일한 수단일 것, 성공 가능성이 있을 것 등 이다. 단식투쟁은 다른 사람을 위해서 해야지, 자기를 위해서는 안 된다는 것이다.

때로 단식투쟁이 본래 순수성과는 거리가 있는 경우도 있다. 자신의 이름을 높이려는 목적으로 단식하는 경우다. 사람들의 이목을 집중시켜 단식이라는 위협적 수단을 가하고 그 일을 처리하려다 누가 말리지 않으면 실제로 죽는 경우도 있다. 처음에는 죽으려는 마음이 없었으나 투쟁을 진행하다 신체적인 이상으로 인해 죽는 경우도 있다. 이러한 자살은 순수성에 있어 이미 문제가 있다. 대개 정치적인 이슈를 걸고 단식투쟁하는 것이 그렇다.

그러기에 단식투쟁은 단순히 목표 달성을 위한 것이 아니라, 진정으로 상황을 전환하지 않으면 죽음도 불사하겠다는 의지를 가져야만 한다. 자신의 목숨을 다른 사람을 위해 버리려는 각오로 하는 단식투쟁은 최고의 이타주의요, 자기희생적 자살로 간주할 수 있다.

민주주의와 복지를 위한 자살

복지를 위한 자살은 다른 사람들의 복지를 향상시키기 위해 죽음으로 항변하는 행위다. 다른 사람들을 위해 자기를 제물로 바치는 희생이라고도 할 수 있다. 어려움이 많았던 개발도상국 시절 우리 역사에도 그런 일들이 많았다. 열사로 불리는 전태일이 대표적 인물들이다.

그동안 수많은 사람들이 이 땅의 민주주의를 지켜 내기 위한 지난한 싸움의 과정에서 분신·투신·할복·의문사 등 여러 형태로 목숨을 던졌다. 그들 대부분은 민주주의를 위해 목숨을 던진 이들이다. 그들의 간곡한 염원은 한결같이 평등한 세상, 통일된 세상, 인권이 존중받는 민주주의가 꽃피우는 세상이었다. 이들은 대개 군사독재 시절 폭압정치, 공안 탄압에 희생된 사람들이기도 하다.

여기에는 소박한 서민들의 기본 생존권을 위해 자기를 희생한 사람들, 비정규직 노동자들의 눈물어린 삶의 개선을 외치다 스스로 죽음을 선택한 사람들도 추가된다.

자살, 가장 불행한 선택

"희생자 자신이 결과를 알면서도
적극적·소극적 행동에 의해
직접, 또는 타인을 통해 행하는 죽음을
자살이라고 부른다."

_뒤르켐(1897)

Ⅲ

현재
대한민국은

국제적 통계에 의하면 2010년 조사에서 대한민국(세계 2위, OECD 1위, 노인 및 여성 1위)의 국제 순위 중 자살률은 OECD 국가 중 가장 높은 수치를 기록하며 8년째 1위를 유지하고 있으며, 전체 사망 원인 중 자살이 31.2%였다.

자살 사망자가 모두 1만 5,566명(34분마다 1명)으로 이를 1일로 계산해 보면 약 43명(42.6명)이 생명을 스스로 끊고 있는 경우로, 2000년대 후반부터 연속으로 증가하였으며, 2010년의 수치가 최근 집계 중 가장 큰 수치이다. 최근에는 인구 10만 명당 자살률이 80세 이상의 고령인구가 가장 많으며, 70세, 60세, 50세, 30세, 20세 순으로 해마다 그 수가 늘어나고 있는 추세이지만 우리 국민들은 그 자살률에 대하여 별로 심각하게 생각하고 있지 않다는 것이 더 큰 문제로 나타나고 있는 실정이다.

이에 따라 2012년 4월 1일부터 자살예방을 위해 "자살예방 및 생명존중문화조성을 위한 법률"(보건복지부 2011. 3. 30. 벌률 제10516호

시행일 2012. 3. 31)이 시행되고 있다.

⚘ 연령대별 자살 ⚘

초등학생의 자살

여성가족부의 '한국청소년상담원 상담통계'에 따르면 166개 한국
청소년상담원과 청소년상담지원센터 등에서 자살을 고민하는 초
등학생은 2008년 37명에서 2010년 99명으로 2.6배 증가했다.

청소년의 자살

교육과학기술부가 조사한 지난 5년간 학생 자살자 조사에 따르
면, 2005년 136명에서 4년 만에 202명으로 꾸준히 증가하고 있
는 것으로 나타났으며, 청소년 40%가 한 번쯤 자살을 생각해 본
적이 있고 9%가 일생에 한 번 이상의 자살 시도를 한 적이 있는
것으로 나타났다.

　자살을 생각한 이유로는 '성적, 진학문제'가 53.4%로 절반 이상
을 차지했다. 166개 한국청소년상담원과 청소년상담지원센터 등
에서 자살을 고민하는 중학생은 2008년 256명에서 2010년 627명
으로 2.4배 늘었고, 고등학생은 2008년 214명에서 476명으로 2.2
배 증가했다. 또 학업 중단 및 가출 등으로 위험에 놓여 긴급 상
담이 필요한 고위험군 청소년은 93만여 명에 달하고, 이 중 긴급
상담 및 지원이 필요한 청소년 역시 30만 명이 넘는다.

그러나 이 중 상담 치료를 받은 청소년은 지난해 기준으로 12만 8,000명에 불과하며, 이들을 도와줄 상담 인력은 800여 명에 불과하여 사각지대에 방치되고 있는 것으로 나타났다.

노인의 자살

대한민국이 OECD 국가 중 노인 자살률 1위에 올랐다. 인구 10만 명당 74세 이하 노인 자살률은 81.8명으로, 일본 17.9명, 미국 14.5명에 비해 5~6배 이상 많았으며, 75세 이상 자살률은 10만 명당 160명이 넘는 것으로 나타났다. 이는 10년 사이 2배 이상으로 늘어난 결과로, 2000년 인구 10만 명당 60대 25.7명, 70대 38.8명, 80대 이상 51.0명에서 2010년 60대 52.7명, 70대 83.5명, 80세 이상 123.3명으로 10년 사이 2배 이상 증가한 것으로 나타난다. 특히 70대 자살률은 2009년 79.0명에 비해 5.7% 증가했다.

주요 요인으로는 사회적 고립과 상실감이 보고되고 있는데, 자살을 행한 노인의 60%가 홀로 생활하는 노인으로, 가족이나 의지할 수 있는 대상이 없는 것으로 나타났다. 특히 가까운 가족의 투병생활과 죽음 등으로 인한 강한 상실감으로 외부 출입이 줄어들고 고립상태에서 우울감을 경험하게 되는 경우가 많았다. 더욱이 노인의 특성상 자살계획을 다른 사람에게 알리는 경우가 적어 노인자살률을 감소시키기 위해서는 무엇보다 지속적인 관심이 필요한 것으로 나타났다.

❧ 직업별 자살 ❧

직장인의 자살

2009년 잡코리아가 직장인 626명을 대상으로 설문 조사한 결과, 74.4%(466명)가 회사 우울증에 시달린다고 응답했다. 이는 2008년 같은 조사(49.9%)보다 크게 증가한 수치로, 한 연구 보고서에 따르면 한국 직장인의 스트레스가 세계 최고 수준이며 이러한 요인이 직장인들의 자살의 원인이 되고 있다고 한다.

수험생의 자살

입시 경쟁이 시작되는 중·고등학교에 재학 중인 15~19세 청소년들의 자살은 매우 심각한데, 15~19세 청소년들이 자살을 생각한 이유로는 '성적, 진학문제'가 53.4%로 절반 이상을 차지했다. 수험생들의 잇따른 자살 현상에 대해 전문가들은 대학 입시에 대한 불안과 스트레스에 대한 대처능력이 미흡해 극단적인 행동으로 옮겨진 것이라고 진단했으며, 이에 따라 수험생들의 자살을 막기 위해서는 무엇보다 대학을 서열화하는 사회 분위기를 바꿀 필요가 있다고 말한다.

또한 고시생이나 각종 공공 기관 및 공무원 고시생의 자살도 문제가 되고 있는데, 극심한 스트레스, 고립된 생활 속에서 시험에 낙방에 대한 두려움, 성적이나 현실의 비관으로 우울증에 시달리다 자살에 까지 이른다고 한다.

군인의 자살

대한민국 육군 군인·군대 내에서는 매년 70~80명(5일에 1명)의 군인이 자살을 택하고 있다. 국회 국방위원회 소속 의원의 조사에 의하면 2006년부터 2011년 6월 말까지 집계된 각 군별 사망자 총 552명 가운데 자살로 인한 사망자 수가 348명에 달해 63.0%에 이른다고 밝혔다. 자살사고 사망자를 신분별로 살펴보면, 장교 32명(9.2%), 준·부사관 72명(20.7%), 병 235명(67.5%), 군무원 9명(2.6%) 등이다.

자살수단으로는 목을 매 자살하는 경우가 208명(59.8%)으로 가장 많고, 투신과 총기사용의 경우가 58건으로 16.7%를 차지했으며, 원인으로는 기수열외·구타·욕설 등의 가혹행위가 있으며, 상부의 구타, 가혹행위 엄단 지시가 일선 부대에 제대로 이행되지 않거나 무시되는 것 또한 원인이 되었다.

이에 대해 대한민국 국방부는 군내 자살의 주요 원인을 '복무부적응'으로 꼽으며 이 문제를 병영문화 차원이 아닌 장병 개인의 문제로 인식하는 경향이 많다. 하지만 전문가들은 명령과 규율로 통제되는 군대와 일반인의 자살률을 단순 비교하는 것은 적절치 않으며, 자살이나 총기사건 등 각종 군 사고의 주원인이 구타·가혹행위 같은 병영 폐습이라는 사실을 군 당국이 간과하고 있다는 비판도 적지 않다. '군이 원래 그렇지' 하는 일부 지휘관의 안이한 인식과 장병 인권 경시풍조가 구타와 자살로 멍든 병영을 방치하는 주범이라는 지적도 있다.

대학생의 자살

2009년 통계청 제공 연령별 3대 사망 원인 구성비 및 사망률 중 20~29세의 사망원인으로 자살이 44.6%로, 암(9.3%)을 제치고 1위로 나타났다. 교육과학기술부의 학생 자살자 수에 대한 자료를 보면, 초중고생 자살자 수를 합친 것보다 대학생 자살자 수가 더 많은 것으로 나타났다.

이에 따라 대학생(90명)을 대상으로 설문조사를 실시한 결과 3분의 1이 넘는 응답자가 자살 충동을 느끼거나 실제 자살을 시도해 본 적 있다고 답했다. 자살 충동 시도 원인으로는 '경제문제(등록금 포함)'가 57%로 1위를 차지하였고, '취업 문제'가 30%로 그 뒤를 이어 대학생 시기에 받는 심적 · 물적 압박이 심화되었음을 보여 준다.

무직자의 자살

대한민국의 무직자는 지속적인 취업난으로 인한 계속되는 취업 실패와 경제적 문제로 인해 견디지 못하고 자살을 선택한다. 취업정보 커뮤니티 '취업 뽀개기'가 2011년 4월 4일부터 13일까지 구직자 565명을 대상으로 조사한 결과, 64.2%가 '취업스트레스로 인해 자살 충동을 느껴본 적이 있다'고 답했다.

이들이 자살충동을 느끼는 이유(복수응답)로는 '영원히 취업을 못할 수도 있다는 불안감 때문에'가 30.9%로 가장 높았고 '사회적 소속이 없다는 고립감'(26.2%), '자신을 무능력하게 보는 주위의 시선'(20.1%), '낮은 외국어 성적'(17.1%), '경제적인 어려움'(16.5%),

'출신학교 · 학벌'(16.3%)이 그 뒤를 이었다.

소방관의 자살

화재 현장 2008~2010년 3년간 자살한 소방공무원은 총 25명인데, 이 중 19명(76%)이 소방장 이하에 집중됐다. 또한 근무 연수 15년 이하의 소방관은 17명(68%)으로 20년 이상 근무한 소방관도 5명(20%)에 달했다. 이는 끔찍한 화재현장을 겪은 뒤의 정신적 후유증으로 인한 우울증의 결과이다.

이에 따라 2007년 소방방재청은 재난피해자 심리안정 지원 사업을 시작했지만, 소방관을 포함한 구조요원을 지원 대상자에 추가한 것은 불과 2010년 12월이었다. 특히 이에 대한 올해 예산은 1억 3,000만 원에 그쳤으며 소방관을 위한 전문 심리상담센터는 전국에 단 한 곳도 운영되지 않은 것으로 조사되어 자살 방지 대책이 미흡한 것으로 나타났다.

연예인의 자살

대한민국의 연예인의 자살은 악플로 인한 우울증에 따른 것이다. 최진실의 사례가 대표적이다. 이에 따른 베르테르 효과로 인한 모방 자살도 더불어 사회적 문제가 되고 있다. 더욱 심각한 것은 무명 연예인의 자살도 문제가 되고 있는데, 이는 대중의 주목을 받지 못함에 따른 우울증과 이를 노린 스폰서 제안, 그에 따른 정신적 고통의 결과이다. 예를 들면 연예인 스폰서 관련 자살의 경우 장자연의 사례가 대표적인데, 장자연은 잦은 성상납은 물론 감금폭행과 수없이 술자리에 함께해야 했다.

이에 따라 한 인권단체가 조사를 하였는데, 한국 연예계 60%의 연예인들이 성상납 압력을 받은 적이 있는 것으로 나타났다. 240여 명의 신인 여배우 중 5분의 1이 성상납 강요나 요구에 응했으며 절반가량은 강제로 술을 마셨고, 3분의 1은 원치 않는 신체 접촉과 성희롱을 당한 적이 있는 것으로 밝혀졌다.

⊰ 최근 등장한 자살의 유형 ⊱

동반자살

대한민국에서는 동반자살 사건이 잇따라 발생하면서 우려가 커지고 있다. 특히 인터넷이 발달한 대한민국은 인터넷 카페를 비롯한 웹사이트를 비밀리에 만들어 만나 동반자살을 하는 경우가 있다. 이러한 웹사이트는 운영 자체가 불법이지만, 비공개로 활동하다 보니 단속이 쉽지 않은 상황이다. 다양한 지역에서 만나 자살하는 경우도 있다. 동반자살을 시도하는 사람들은 연탄불 등을 이용해 유독가스 질식 자살을 택하는 경우가 많다.

자살 정보 또는 동조 사이트에 경찰청은 2011년 6월 13일부터 26일까지 사이버명예경찰인 누리캅스 827명과 함께 '인터넷상 자살자 모집 및 폭발물 사용 선동 행위 게시물 신고대회'를 실시한 결과, 관련 게시물이 6,932건 발견됐는데 이 중 자살 관련 유해 정보는 무려 6,080건에 이르렀다. 단 2주간만 조사했는데도 이 정도의 수치가 나왔다는 것은 사태의 심각성을 말해 주고 있다는 평이다.

왕따에 의한 자살

초 · 중 · 고등학생 또는 직장 내의 왕따와 기수열외와 같은 군대 내의 조직적인 왕따 등 대한민국에 널리 행해지고 있는데, 이는 심리적 고통을 주어 우울증을 부르고 자살에까지 이르게 하고 있다. 최근 들어 가해행위의 방법이 갈수록 지능화되어 가고 있어 이에 따른 대책이 시급한 실정이다.

개인주의적인 사람들이 많아지고 타인을 배려하는 마음이 많이 약해졌으며, 단순히 개인 또는 다수의 쾌락과 결속력을 위하여 가해행위를 하는 사람들 또한 적지 않다. 대부분의 경우 다수와 싸워야 하는 피해자 입장에서 도움을 받을 곳이 충분하지 않다면 자살이라는 극단적인 선택을 할 수도 있다. 인터넷의 발달에 따라 SNS 등을 통한 왕따 행위와 비슷한 '마녀사냥' 또한 최근의 자살 이유 중 하나이다.

THEMA 03

세계자살예방의 날

자살 문제에서 가장 필요한 것은 예방이다. 예방은 크게 개인적 차원에서, 사회적 차원에서 그리고 정책적 차원에서 이루어져야 한다. 그러면 이 문제에 대해 어떻게 대응해야 할 것인가?

첫째, 올바른 생명존중교육이 있어야 한다. 생명의 존귀성을 바로 알게 가르쳐야 한다.

둘째, 전문 상담 활동을 통하여 지속적인 관심을 가져야 한다. 한 사람 한 사람에게 관심을 가지고, 그들을 돌볼 수 있어야 한다.

셋째, 지원과 양육 시스템을 구축해야 한다. 어려움을 겪는 사람들을 지원하고 양육하는 시스템을 형성해야 한다. 잃어버린 한 생명에게 우리의 관심을 가져야 한다.

최근 몇 년간 우리나라의 자살률은 OECD 국가 중 1위라는 불명예를 이어 가고 있다. 2013년 통계청 발표 자료에 의하면, 우리나라는 표준인구 10만 명당 29.1명 OECD 평균 12.5명의 두 배가 훨씬 넘는 자살률을 보이고 있다. 따라서 이러한 심각한 자살 문제를 해결하기 위한 국가 사회적인 많은 노력을 기울여 나가야 할 것이다.

그러나 이러한 자살 문제는 우리나라만의 문제가 아니라 전 세계적으로 가장 중요한 문제 중의 하나가 되었다. 전쟁으로 사망하는 숫자보다 자살로 사망하는 사람이 더 많다. 전 세계에서 매년 약 100만 명이 자살하고 있으며, 자살로 인한 피해가 자살자뿐만 아니라 최소한 6명 이상의 주위 사람들에게 심리적·정서적인 영향과 자살 위험을 전염시키고 있다. 또한 자살시도자는 자살자보다 20배가 더 많고, 자살시도자에 대한 경제적 비용이 수십억 달러에 해당한다고 보고하고 있다(WHO, 2000).

따라서 국제자살예방협회(IASP)는 세계보건기구(WHO)와 함께 2003년 9월 10일, 스웨덴의 스톡홀름에서 세계의 가장 큰 킬러

들(killers) 중의 하나인 자살과의 전투를 하기 위해 '세계자살예방의 날'을 정하기로 결의하였다.

이날은 전 세계적으로 심각하고도 중요한 공중 보건 및 정신보건 상의 문제 중 하나인 자살을 예방하는 데 초점을 맞추기 위해 정해진 것이다. 이날을 지정한 목적은 정신의학적 장애를 가진 사람들의 치료방법과 시설을 개선하는 것, 자살행동의 사인(sign)과 증상, 도움을 얻을 수 있는 곳에 대한 인식을 증진시키는 것, 정부로 하여금 정신장애, 약물과 알코올 남용으로 고통받는 사람들의 조기발견과 치료에 우선적인 관심을 갖도록 하는 것, 자살수단에 대한 접근을 제한하도록 하는 것 등이다.

'세계자살예방의 날'은 자살 위험에 처한 사람들을 돕기 위해 우리 모두가 책임성을 갖고자 하는 것으로, 자살 예방은 가능하고 우리는 할 수 있다는 것을 선언하는 의미를 담고 있다. 우리나라에서는 2004년부터 매년 9월 10일 세계자살예방의 날을 지키고 있다. 자살 예방의 날부터 1주일을 자살예방주간으로 한다.

"자살은 실존에 관한 문제의 해결 방법을
주체의 자발적인 죽음에서 구하고
발견하는 행동이다. "

_바에슐러(1975)

가장 불행한 선택

자살

2

자살에 대한 오해와 진실

왜 자살하는가?
자살은 ○○이다?
눈여겨보아야 할 자살 징후들

왜
자살하는가?

대한민국의 자살률이 높은 원인으로는 여러 가지가 있겠지만, 그중 크게 다섯 가지를 뽑을 수 있다.

첫째, 압축적 경제의 급성장
둘째, 입시위주의 교육과 과잉보호
셋째, 고도성장을 통한 시대변화 적응 능력 결여
넷째, 냉정한 사회, 국가와 사회의 무관심
다섯째, 현실을 도피하려는 사고방식

고령자의 자살률이 높은 이유는 바로 위에서 제시한 다섯 가지의 원인이 제공한 경제적 어려움의 가중으로 인한 신체 및 정신적인 쇠약으로 나타나고 있다.

자살의 원인을 크게 생물학적 원인과 심리적 원인, 병리적 원인과 사회적 원인의 네 가지로 나누어 설명해 보기로 하자.

✦ 생물학적 원인 ✦

사람들은 자살의 생물학적 요인 중 특히나 '유전' 여부에 가장 관심이 많다. 자살하는 사람은 집안에 자살유전인자가 있다고도 한다. 자살은 우발적으로 일어나는 사건이지만, 집안 내력이라는 생각도 갖는 것이다. 그런 이유로 결혼할 때 집안에 자살한 사람이 있는지를 고려하는 경우도 있다. 이는 자살의 유전성을 생각하고 있다는 것이다.

자살 행동이 가족 간에 유전되는 경향은 잘 알려진 사실이다. 그러나 이런 유전성은 정신과 질환의 유전성만으로는 설명되지 않는 부분이 있다. 실제로 자살 위험이 높은 기분장애 환자의 친척들은 자살률이 높지 않다는 보고가 있다. 그럼에도 자살의 유전적 경향은 여전히 무시되지 않는 편이다. 이는 생물학적 특성이 자살과 관련이 높음을 시사한다.

쌍둥이 연구에서 이란성 쌍둥이보다 일란성 쌍둥이들이 자살 수행 및 행동 일치율이 높은 것으로 나타났다. 오스트리아에서 시행된 쌍둥이 연구는 일란성 쌍둥이의 심각한 자살 시도 위험이 17배 더 높다고 보고했다. 양자 연구에서는 자살을 수행한 입양자의 생물학적 친족에서 자살률이 약 6배 정도 높았다. 이런 결과에 의하면 자살 행동은 43% 정도는 유전적 요인에 의한 것으로, 나머지 57% 정도는 환경적 요인에 의한 것으로 설명될 수 있다.

여기에 브렌트와 만(Brent & Mann)은 자살 또는 자살 행동의 유전성은 정신과적 질환의 유전성과 충동-공격성 또는 다른 성격 특성의 유전성 등에 의해 결정될 수 있으며, 이 두 유전성이 공존

자살에 대한 오해와 진실

한다면 자살 행동의 위험이 매우 증가할 수 있다고 보고했다.

자살 위험인자는 반드시 유전적 요인만은 아니다. 환경적 요인으로도 빈발하고 있다. 오늘날 자살자의 90% 이상은 정신과적 질환을 가지고 있다는 보고도 있다. 그중 자살의 약 60%는 기분장애의 경과 중 나타나고, 나머지는 정신분열병, 알코올 중독, 약물중독 그리고 인격장애 등 다른 정신과적 질환과 관련 있다.

정신 병리 유무가 자살의 강력한 예측인자이지만, 정신과적 질환을 가진 환자 중 소수만이 자살을 수행하고, 자살자가 반드시 정신과적 장애를 가지고 있는 것은 아니다. 공격성, 충동성, 불안, 절망감, 비관주의, 알코올 등 약물중독, 아동기 학대의 과거력, 두부손상 또는 신경학적 질환, 흡연 등 임상적인 특징도 자살 위험을 증가시키는 요인들이다.

자살 행동과 관련 있는 생물학적 원인은 대개 신경생화학적 소견들로, 다음의 세 가지로 요약할 수 있다.

세로토닌계 활성 감소

시상하부 – 뇌하수체 – 부신축(HPA축)의 과활성은 노르아드레날린계의 과활성 또는 과도한 분비와 그에 따른 노르아드레날린 결핍이라는 신경생화학적 변화를 의미한다. 세로토닌의 활성 감소가 주로 전두엽의 배내측에서 관찰되면, 전두엽의 배내측 기능 이상은 충동 및 공격성을 증가시켜 자살행동의 위험을 높인다는 것이다. 자살 행동과 관련있는 스트레스는 시상하부–뇌하수체–부신축의 과활성을 유발하며, 이로 인해 노르아드레날린계의 과활성이 유발될 수 있기 때문이다.

자살 행동의 유발인자

자살의 유전적 요인에 대한 연구에 따르면, 현재까지 가장 유력한 유전자 후보는 'TPH1 유전자'와 '5-HTTLPR 유전자'다. 아직 연구 결과들이 일관되지는 않지만 TPH1 유전자 다형성은 세로토닌 기능의 부전을 설명하고, 5-HTTLPR 유전자 다형성은 자살 행동 중 극단적인 자살이나 반복적인 자살 시도 등과 관련 있다고 할 수 있다.

MAO-A 유전자

연구에 의하면 이 유전자가 자살 행동과 직접적인 관련은 없지만, 일부 연구에서는 극단적 자살방법을 이용한 남성 자살자는 MAO-A 유전자 다형성의 차이를 보이는 것으로 나타났다.

⚛ 심리적 원인 ⚛

자살의 심리적 원인을 살펴보려면 '자살하는 사람들이 어떤 심리를 갖고 있는가?', '그들은 왜 자살하려고 하는가?' 그리고 '그들은 어떤 심리 상태에서 자살을 시도하는가?' 등 자살하는 사람들의 심리적인 문제에 집중해야 한다. 이런 질문을 던지고는 있지만 기대에 부응하는 시원한 답변에는 미흡할지 모른다는 생각도 든다. 이는 심리학 영역에서 자살에 대해 학문적인 연구가 있지만, 그 입장이 학파마다 다르고 누구나 동의할 만큼 일치된 결론이 아직은 정리되지 않았기 때문이다.

자살의 본격적인 연구가 공교롭게도 사회학자에 의해 시작됐다는 점만 봐도 이를 알 수 있다. 프랑스의 사회학자 에밀 뒤르켐(Emile Durkeim)이 자살에 대한 이론을 정리해 발표하면서 자살을 심리적으로 이해하기 시작했고, 이때부터 심리학적인 연구가 시작됐다. 이런 관점에서 자살의 심리적 원인에 대해 몇 가지 특징적인 점에 초점을 맞춰 포괄적으로 정리해 보고자 한다.

사랑의 실패로 인한 자살

"사랑이 사람을 죽인다"는 말이 있다. 사랑의 실패 때문에 죽으려는 사람들은 자살이야말로 사랑의 진실을 증명하는 최후의 방법이라 믿는다고 한다. 그런 이유로 '사랑에 의한' 자살은 오늘날에도 여전히 가장 큰 부분을 차지한다.

특히 프랑스혁명 때 벌어진 소피 모니에의 사례는 아직까지도 회자될 만큼 유명하다. 웅변가였던 미라보와의 파란만장한 관계로 유명했던 그녀는 미라보가 죽자 마지막 연애가 끝났으니 자기 앞날은 무의미하다고 생각했다. 그녀는 미라보의 장례식에 참석한 후, 집에 돌아와 그의 초상을 손에 쥔 채 자살했다. 자살 도중 마음이 변할 것을 염려한 때문인지 두 발을 쇠사슬로 침대 기둥에 묶은 상태였다는 점은 사람들을 더욱 놀라게 만들었다.

사랑과 관련된 이러한 사례는 연애의 실패가 일차적이지만, 사랑과 애정의 실패, 더 나아가 더 넓은 의미의 사랑으로 이해되는

'진정으로 자신을 수용하지 않고 협력해 주지 않는 사람들부터의 좌절된 심리'도 해당된다.

중요한 관계의 단절로 인한 자살

중요한 관계의 단절은 인간에게 극심한 슬픔을 유발시킨다. 세상에서 가장 사랑하고 기대 살던 사람과의 관계가 단절되면, 걷잡을 수 없는 심리적 상태가 된다. 이런 점에서 전술한 사랑의 관계와 일면 중첩되지만, 여기서는 연애를 뛰어넘어 상당히 의존하던 사랑의 관계를 의미한다.

이런 관계는 정신적으로 어느 정도 협력과 양육에 대한 욕구의 좌절과 관련된 것이기에 대개는 심리적 선행 요소가 존재한다. 이를테면 치명적으로 자신에게 해를 가할 수 있는 능력, 다른 사람에게 짐이 된다는 생각, 집단이나 사람들과의 관계에 관련돼 있지 않다고 느끼는 것 등이다.

관계의 단절은 대개 심각한 소외를 초래한다. 이때 당사자는 인간이 원초적으로 갖는 외로움을 깊이 경험한다. 자신은 혼자라는 소외와 외로움이 걷잡을 수 없이 밀려든다. 함께 살아가던 배우자나 가족들과의 사별이 대표적이다. 남편이 질병으로 죽은 지 6개월 후에 부인이 자살한 경우가 있다. 아마도 사랑하는 남편 없이 혼자 살아가는 것이 무의미하다고 생각했는지 모른다. 남편을 얼마나 사랑했으면 뒤따라갔을까? 이런 자살은 흔하지 않지만, 여전히 일어나고 있다는 점을 유의해야 한다.

부당한 대우에 명예를 회복하기 위한 자살

명예회복에 의한 자살은 대개 사회 질서와 관련돼 일어난다. 자신의 공과를 정당하게 인정받지 못해 법적으로 책임을 지거나 사회로부터 심각한 침해를 당했다고 판단하는 경우다. 인류 역사가 시작되면서부터 왕이나 대통령, 또는 가까운 사람들로부터 부당한 대우를 받는다고 생각해 죽음을 선택한 사람들은 언제나 있었고 지금도 있는 편이다.

로마의 웅변가 라비에누스 티투스는 몇 년간 몰래 당시 역사를 쓰다 아우구스투스 황제의 신하에게 고발된다. 원로원은 그가 써놓은 것들을 모두 불태우라고 명령했다. 라비에누스는 자신이 저술한 것을 잃으면서까지 살고 싶지 않다고 생각에, 가족 묘지로 가서 자살했다.

이처럼 부당한 대우 때문에 자살하는 경우는 굳이 역사적 사건을 들추지 않아도 될 것이다. 얼마 전 세상을 떠들썩하게 했던 대기업 고위간부의 한강 투신과 현재 보도되고 있는 여자 연예인의 자살 등은 죽음으로 부당한 대우를 알리고 명예를 회복하려는 안타까운 노력으로 보아야 할 것이다.

절망적 현실로부터 도피로서의 자살

현실은 자신의 삶을 떠받치는 힘이다. 사람은 자신의 현실이 빈약하면 힘을 잃지만, 현실이 희망적이거나 좋으면 힘을 얻는다. 이런 점은 개인의 기대와 현실의 괴리가 심리적인 문제에 크게 좌우되고 있음을 상정하는 것이다. 욕심이 적은 사람이나 현실에 기대감이 낮은 사람일수록 기대감이 높은 사람에 비해 불만족은 작아진다. 그만큼 절망감이 감소되기에 자살할 위험성이 줄어든다는 것이다. 이는 자신이 바라는 이상에 대한 기대감과 현실의 불만족으로 인한 좌절감이 자살의 기초임을 의미한다.

현실에 대한 괴리감은 종종 부담으로 작용해 개인을 심리적으로 심각하게 억압하기도 한다. 그러면 개인은 억압 상황의 회피를 시도한다. 그래서 인지치료학자인 바우마이스터(Baumaister)는 자살을 '자기로부터의 도피'로 개념화하면서 자살에 이르는 과정을 제시했다.

개인이 이루고자 하는 기대 수준은 높지만 현실적인 상태가 그에 도달하지 못할 때 기대와 현실 간의 괴리가 생기고, 그 이유를 자신의 탓으로 돌려 자기 비난과 부정적인 평가를 한다는 것이다. 이런 상황에서 개인은 주위에 초점을 자신에게 되돌려 고통스러운 자기 지각이 더 커지고 자신을 더 부정적으로 평가한다. 여기서 자신에 대한 부정적인 정서 상태가 초래된다.

개인은 고통스런 생각과 감정을 해소할 수단을 강구하는데, 이때 어떤 판단을 할 수 없는 '인지적인 몰락(cognotive deconstruction)' 상태가 된다. 인지적인 몰락 상태에서는 정신 기능이 협소화되고 매우 부정적인 판단을 초래한다. 모든 것에 대한 의미부여를 거부하고 피상적이고 무가치하게 지각하고 해석하는 정신상태가 되기 때문이다. 이런 정신상태는 자살을 가로막던 여러 가지 내적 억제력을 약화시켜 극단적인 선택을 하게 만든다.

절망적 현실 앞에 힘을 잃지 않고 의연할 사람은 많지 않다. 인

자살에 대한 오해와 진실

간은 강한 존재인 것 같아도 실제로는 한마디 말에 자신을 포기할 수 있는 나약한 존재이기도 하다. 아무리 노력해도 지금 상황을 반전 내지는 변화시킬 수 없다고 판단하면, 해결의 출구를 생각하기 마련이다. 그것이 극단적인 방법 중 하나로 죽음도 선택할 수 있게 한다.

이런 이유로 어려운 환경에 있는 사람에게는 함부로 대하기보다 그들이 처해 있는 환경의 어려움과 심리적 상태를 고려해 대응해야 한다. 한마디의 위로와 격려의 말이 대단한 위력을 발휘하는 원동력이 될 수 있다는 점을 기억해야 한다.

보복성 자살

죽음으로 타인에게 복수한다는 측면에서 가해적인 자살이다. 설령 자살자가 잘못한 경우라도 이때는 자살자의 엄격한 우위성이 인정된다. 죽은 사람에 대해서는 어떤 말을 한다는 것 자체가 허용되지 않기 때문이다. 그런 점에서 보복성 자살은 자신을 파괴하면서 상대방을 치명적으로 훼손하는 의도를 가진 가해적 자살이다.

그런가 하면 스스로 무기력함을 비관해 선택한 자기처벌성 자살은 애처롭기까지 하다. 자신이 가진 계획이나 생각이 너무나 형편없다고 생각한 나머지 스스로에게 실망해 자살을 선택했기 때문이다. 물론 자신에 대해 실망한 수준이 지나쳤다는 것이 문제이지만, 어느 면에서는 타인에게는 위해를 가하지 않는 매우 양심적인 측면도 있다고 볼 수 있다.

보복성 자살은 매우 감정적인 측면이 강하다는 점에서 청소년들에게 나타나기 쉬운 자살이다. 아직 전두엽의 발달이 이뤄지지 못해 이성적 판단이 약한 청소년들은 순간의 감정에 휘둘릴 수 있다. 그런 점에서 청소년들에게 심한 모욕이 담긴 자극적인 언어를 사용하는 것은 위험하다.

예를 들어 '누구는 1등 하는데, 너는 왜 그 모양이냐?'는 부모의 꾸중, '돈을 네가 훔쳤지?' 하는 의심의 추궁이 일어날 경우, 청소년들은 반발이나 결백을 주장하기 위해 죽음을 선택할 수 있다. 이때 그들에게는 '내가 죽음으로써 너희도 고통을 받아라'는 보복적 심리가 작용하기 쉽다. 보복성 자살이 가족 내 갈등이 많은 청소년에게서 나타나는 이유가 여기에 있다.

2007년 10월 15일, C백화점 3층 화장실에서 여자 손님의 가방이 분실됐다. 이때 중3 남학생 강 군이 용의자로 지목됐다. 강 군은 부모가 사건 조사에 참여하기 위해 외출한 사이, 부모에게 죄송하다는 유서를 남기고 아파트 13층에서 삶을 마감했다. 그리고 18일 백화점 CCTV를 통해 확인한 결과, 강 군이 범인이 아니었음이 확인됐다. 그는 우연히 억울한 누명을 썼고, 자신의 정당성을 입증하지도 못한 채 자살이라는 방식을 택했다.

너무 억울한 죽음이 아닐 수 없다. 백화점 CCTV를 통해 즉시 확인했더라면 누명이 벗겨졌을 것이기 때문이다. 모욕적이고 억울한 상황을 조금만 견뎠더라면 죽을 필요가 없었을 텐데, 하는 아쉬움을 금할 수 없다.

자기파괴적 본능에 의한 자살

자살이 자기파괴적 행동이라고 할 때, 우리는 인간의 본능적 측면을 생각하지 않을 수 없다. 인간은 원초적으로 파괴를 일삼는 유전인자가 내재된 것은 아닌가 하는 것이다. 이런 본능에 대해 프로이트(S. Ferud)는 인간의 본능을 두 가지로 구분했는데, 건설적인 특성을 '에로스(Eros)'라는 생명본능으로, 파괴적인 특성을 '타나토스(Thanatos:그리스 신화에 나오는 의인화된 죽음의 신)'라는 죽음본능으로 구분했다.

생명본능인 에로스를 그토록 구가하던 그가 전쟁을 겪으면서 파괴를 일삼는 인간을 보면서 인간이란 죽음, 곧 무기물로 돌아가려는 본능을 선천적으로 가졌다고 생각한 것이다. 이런 파괴적 본능은 우리가 일상생활에서 건설적으로 노력하다가도 때로는 모든 것을 엎어 버리고 싶은 심리가 작동되는 것으로 경험한다.

프로이트에 의하면 "인간들은 살고 싶다는 생각을 가지고 있으면서도, 마음 깊은 곳에서는 끊임없이 죽음을 생각하고 있다"고 한다. 이러한 두 가지 본능은 동전의 앞뒷면과 같아서, 에로스에 이끌려 삶을 영위하고 있으면서도 다른 한편으로는 타나토스의 영향을 받아 죽음의 길을 향해 달려가고 있는 존재인 것이다. 이처럼 자살을 개인의 파괴적 본능으로 본다면, 누구나 자살할 가능성이 있다는 뜻이다.

우리는 이런 상황을 생활 속에서 얼마든지 경험하면서 살아나가고 있다. 이런 측면에서 많은 고생과 실패를 경험하고도 포기하지 않고 노력하는 사람들이 역사의 무대에 영웅으로 선다는 점을 생각하게 된다. 우리는 그들을 '인생에서 성공한 사람'으로 인정하고 칭송한다.

　반면 조금만 견뎌 나가면 되는 상황에서도 쉽게 좌절하고 포기하는 사람들이 있다. 우리는 그들을 '인생의 실패자'로 낙인찍기도 한다. 이런 상황에서 긍정적으로 작용하는가 아니면 부정적으로 작용하는가의 문제는 누구도 단언하기 어렵다. 개인이 생활해온 경험과 성격이 중요하게 작용할 것이라는 추측만 할 뿐이다.

❧ 병리적 원인 ❧

　평소에는 정신적으로 건강한 사람이라 해도 정상적인 판단 기능이 순간 멈춰서는 병리적 상태에서 자살이 실행된다. 그러므로 우리는 자살하는 사람들이 어떤 질병과 관련이 있으며, 어느 정도의 병리적 상태에서 자살하는가에 초점을 맞춰 살펴볼 필요가 있다.

우울증과 자살

우울증은 자살시도와 관련, 그 선두에 선다. 자살하거나 자살을 시도하는 사람들의 95% 이상이 당시에 심리 및 정신적 장애를 갖고 있다는 연구가 있다. 그중에서도 우울증이 80% 이상인 것으로 보고된다. 실제로 우울증은 여러 정신 질병 중 자살률을 가장 높게 점유하는 증상으로 알려져 있다.

　우울증(depression)은 의기상실 한 기분과 정신운동 저하에 따른 정신적 증후군이다. 우울증은 '울증' 또는 '울병'이라고도 하며,

대개 심리적으로는 절망감, 즉 '희망이 없음'이 주된 특징으로 나타나고 신체적으로는 불면증이나 체중 감소를 수반한다. 우울의 상태를 두고 프로이트(S. Freud)는 개인의 분노가 내면으로 향한 것으로, 칼 융(C. G. Jung)은 정신 에너지의 고갈을 의미하는 것으로 표현했다. 이때 분노는 자신을 용서하지 못하는 특성이면서도 죽음도 불사하는 공격성을 내포하고 있다. 이로써 우울증의 상태는 완전히 부정적이 되어 의기소침해지고, 정신적 에너지가 고갈되는 것으로 요약된다.

이런 상태에서 자살자는 절망감, 허무감을 느끼며 살아야 할 이유를 발견하지 못한다. 이는 마치 일련의 과정을 순차적으로 연결시키는 듯하다. 당사자는 우울한 상태에서 분노가 유발되면 절망감으로 이어지고, 다시 삶을 포기하게 만드는 과정을 겪는다. 그리고 이 절망감은 다시 다르게 변하지 못하도록 마지막 슬픔이 활동력을 심각하게 저하시키는 것처럼 여겨진다.

그리고 보면 우울증은 그렇게 간단한 증상이 아니다. 오죽하면 우울한 상태에 빠진 당사자조차 그 상태를 이해하지 못하는 경우가 많겠는가? 그들은 왜 이렇게 되고 말았는지, 혹은 자신이 앞으로 어떻게 될 것인가를 알지 못해 더욱 괴로워한다. 지금의 괴로움이 영원히 계속된다고 생각할지 모른다. 우울증에서 벗어나기 위해 휴식을 취하고 이런저런 노력을 해도 쉽게 회복되지 않음을 그들은 알고 있다. 그것은 나아질 수 있다는 희망을 앗아가고, 그들은 심각한 절망감으로 압도된다.

우울증은 남자보다 여자에게서 더 흔하게 나타난다. 우울증이 자기 존중감 상실과 밀접한 관련이 있는 것은 여성이 남성보다 이에 더 취약함을 의미한다. 여러 역학 연구에 따르면, 우울증이 남자보다 여자에게 2배 정도 많이 나타나고 있다. 그러나 이런 지표와는 달리 자살 사망률에서는 남성이 앞선다. 여성이 자살시도를 더 많이 하지만 사망하지 않는 경우가 많은 데 비해 남성은 사망하는 치사율이 높은 쪽을 더 선택하기 때문으로 알려진다.

　더 나아가 우울증 관련 자살시도는 우울 증상이 지나친 경우보다 오히려 회복되는 시기에 더 많아진다는 사실도 특이하다. 우울증이 심하면 죽을 힘조차 없지만, 어느 정도 회복되면서 죽을 힘이 생긴다는 아이러니가 존재하기 때문이다.

알코올 중독과 자살

알코올 의존은 주요 우울증과 함께 자살 사망자들에게서 가장 흔히 발견되는 정신질환이다. 실제로 알코올 중독 환자들에게 자살 사고와 자살 시도는 흔히 관찰되는 현상이다. 자살 시도 순간 자살자의 50% 정도가 술에 취한 상태였다는 보고가 있으며, 18% 정도의 알코올 중독자가 자살로 사망하는 것으로 알려져 있다.

　알코올 중독에 빠진 사람들은 알코올이야말로 살기 힘든 세상을 살아가는 유일한 방법이라고 생각하고, 조금씩 자신들을 파멸시킨다. 많은 역학조사와 임상연구 결과들은 알코올 중독이 자살의 대표적 위험 요인의 하나임을 알려준다. 연구에 따르면 알코올 중독자의 40% 정도가 적어도 한 번 이상 자살을 시도했으며, 70% 정도가 자살로 생을 마감하는 것으로 밝혀졌다.

알코올 중독으로 자살하는 것에는 두 가지 종류가 있다. 하나는 만성 알코올 중독이다. 만성 알코올 중독자는 자신이 계속 술을 마시다가 죽을 것이라는 사실을 알고도 마신다. 다른 하나는 술을 마시면 죽을 수도 있다는 것을 알고 마시는 경우다. 이런 경우는 불안을 가라앉히고, 죽고 싶다는 욕망에서 벗어나게 해 주며 동시에 자살 결심을 도와주기도 한다.

남성 알코올 중독자보다 여성 알코올 중독자가 자살하는 경우가 많다는 점이 특이하다. 이 방법은 유일하게 여성이 남성보다 자살자가 많은 방법이기도 하다.

조현병과 자살

조현병(Schizophrenia)은 정신장애 중 우울증 다음으로 자살 위험이 높다. 물론 우울증 환자의 자살시도가 많지만 그중 대개 25% 정도가 자살하고, 다음으로 조현병 환자의 15% 정도가 자살하는 것으로 나타났다.

조현병은 정신이 정상적으로 기능하지 않는 정신 장애의 대표적 질병이다. 조현병은 현실과 환상의 구분이 모호하다는 것이 주된 특징이다. 무의식적인 생각이 현실이 되는 현상이기에 자신의 무의식과 세상의 현실이 잘 구분되지 않는 것이다. 이는 자살을 부르는 가장 우선적인 이유가 된다.

정신분열적 자살을 두고 예술적으로 천재성을 지닌 사람들과 무슨 연관이 있는지 궁금해하기도 한다. 1853년 말, 음악가 로버트 슈만이 라인강에 투신했다. 갑자기 시작된 광기로 강에 뛰어든 것인지 아니면 정신착란 증세 때문인지는 분명하지 않다. 물론 그의 자살 시도는 미수로 그치고 말았지만, 귀가 쑤시고 아픈 증세가 몇 시간이나 계속돼 매우 고통스러웠던 그에게 일종의 고문이었던 것은 확실하다.

화가인 반 고흐의 자살은 유명하다. 반 고흐는 귀를 면도칼로 잘라 창녀에게 준 사실 때문에 정상적인 상태가 아니었다고 여겨지고 있다. 그렇다고 그의 자살을 정신착란이라고만 단정할 수는 없다.

독일 바이에른의 루이 2세도 빼놓을 수 없다. 이 왕은 여성기피증이 있고 고독하고 감수성이 강하며 바그너에 심취한 것으로 유명하다. 그는 신하 말고는 아무도 만나지 않아 대인기피증까지 있었던 것으로 알려진다. 당시 바이에른 사람들은 루이 2세가 제정신이 아니라는 확신을 갖고 있었다. 사실 의사들은 그의 정신병세를 확실히 인정하고 있었기에 대신들도 최종적으로 모여 루이 2세가 정신장애에 걸려 있어 통치능력이 없다는 조서에 서명할 정도였다. 그러던 어느 날, 그는 호수에서 익사체로 발견되고 말았다.

이처럼 조현병은 정상인들이 행동하는 것과는 매우 다른 측면을 보인다. 때로 걷잡을 수 없는 행동을 보이는가 하면 매우 위협적인 행동으로 주위 사람들을 놀라게 한다. 이는 조현병 환자들이 정상적인 정신 통제력을 잃었다는 것을 의미하며, 자살을 시도하는 하나의 이유가 된다.

조현병에 의한 자살에서는 생물학적 요인이 중심이 된다. 대뇌

세로토닌 체계의 조절 이상과 관련이 많은 것으로 파악하고 있다. 앞서 자살의 생물학적 원인에서 살펴본 바와 같이, 뇌에서 여러 신호를 전달하는 역할을 하는 세로토닌이 부족하면 공격성과 충동성이 증가하는 등 자살의 중요한 요인으로 작용하는 것이다.

이런 정신병 환자의 자살은 더 정확히 이해할 필요가 있다. 자살이 적어도 그들에게는 함부로 저지르는 의미 없는 행동이 아니라, 심한 고통을 주는 위기나 어려운 상황에서 벗어나려는 처절한 몸부림이기 때문이다. 이는 자살 시도자들이 병리적 상태에서 자살을 시도하고 있기에 정죄하거나 핀잔하기보다는 이해가 필요한 이유다. 실제로 자살을 심각하게 생각하는 사람은 반드시 여러 행위로 주위 사람들에게 자신이 고통스럽다는 신호를 보내며 도움을 요청하는 몸짓을 보낸다.

불안장애와 자살

불안장애는 가장 흔한 정신질환 중 하나로, 환자의 사회적 · 가정적 · 직업적 기능에 각종 장해를 일으킨다. 한 연구에 따르면, 지난 1년간 하나 이상의 불안장애를 가지고 있는 경우 자살 의도를 갖는 비율은 60.6%, 실제 자살 시도를 한 경우는 70.4%였다. 또 불안장애는 기분장애, 알코올 중독과 같은 관련성 높은 질환이 함께하는 경우도 많다.

그런데 불안장애가 독립적으로 자살 의도 또는 시도와 관련돼 있는가에 대한 논란이 있다. 이것이 불안장애와 자살의 관련성을 증명하기 위한 대규모 장기 연구가 필요한 이유다. 3년에 걸친 장기 연구에 따르면, 사회공포증, 특정공포증, 범불안장애, 공황장애, 광장공포증, 강박장애와 같은 불안장애가 횡단 분석 및 종단 분석에서 모두 자살 의도 및 시도와 연관이 있는 것으로 조사됐다. 또 불안장애가 기분장애를 동반하는 경우, 기분장애만을 가지고 있는 환자에 비해 더 많은 자살 시도를 보이는 것으로 나타났다.

그러나 불안장애와 자살의 관련성을 조사한 다른 연구에서는 사회인구학적 정보, 평생의 기분장애, 물질중독, 정신증, 반사회성 성격장애 등의 변인을 보정한 결과, 외상 후 스트레스 장애만이 자살 의도 및 시도와 관련이 있으며, 다른 불안장애의 경우 관련 없는 것으로 보고됐다. 이는 아직까지도 불안장애와 자살의 관련성에는 논란의 여지가 있음을 의미한다.

섭식장애와 자살

섭식장애도 자살을 유발하는 주요 원인이다. 연구 결과에 의하면, 신경성 식욕부진증 환자가 자살로 사망할 확률은 일반인에 비해 50배나 더 높고, 사망 원인에서도 2위에 해당하는 것으로 나타났다. 음식 섭취의 어려움은 생활의 불편함을 넘어 생명의 근본적 문제로 비화될 수 있다.

'식이장애'라고도 불리는 섭식장애는 크게 신경성 식욕부진증과 신경성 폭식증으로 구분된다. 신경성 식욕부진증은 최소한의 정상 체중을 유지하는 것을 거부하며, 신경성 폭식증은 반복되는 과식(폭식)과 이에 수반되는 구토 등 보상적 행동이 특징이다.

섭식장애 중 특히 신경성 식욕부진증은 자살 관련성이 높은 것으로 보고되고 있으며, 신경성 식욕부진증 환자가 자살로 사망할 확률은 일반에 비해 50배나 더 높고 사망 원인에서도 2위에 해당하는 것으로 나타났다. 반면 신경성 폭식증은 자살로 사망하는 경우가 드문 것으로 보고됐으나 자살 시도의 경우 신경성 식욕부진증의 경우 최고 20%까지, 신경성 폭식증의 경우는 최고 35%까지로 보고돼 다소 논란이 되고 있다.

섭식장애는 특성상 다른 정신적 장애를 동반하고 있다. 섭식장애로 자살한 경우, 기분장애와 성격장애가 더 많았다거나 알코올 의존과 주요 우울장애가 더 많았다는 보고도 있다. 신경성 폭식증의 경우 우울증과 물질중독 외에 행동장애가 더 많고, 많은 연구들이 신경성 식욕부진증 및 신경성 폭식증에서 물질남용과 자살의 관련성을 보고하고 있다.

이외에 각종 성격장애 환자의 자살도 적지 않다. 일반 인구에서 성격장애의 유병률은 6~13% 정도인데, 자살 사망자의 62%가, 자살 시도자의 77%가 성격장애를 갖고 있다는 보고도 있다. 성격장애 환자에게서 자살을 예측할 수 있는 인자 중 가장 예측력이 높은 것은 과거 자살 기도력이며, 이외에 우울장애, 항정신성 약물사용 장애다.

정신병이란 실제로 확고하게 드러낼 수 없다는 특성이 문제다. 대부분의 자살 기도와 자살이 정신 질병과 관계있다고 생각하지만 정신병 환자가 모두 자살하지는 않으며, 자살자들이 모두 정신병자라 할 수도 없다. 다만 정신 병리적 상태에서는 정신 기능이 정상적으로 작동하기 어렵기에 자살 위험이 가중된다고 생각하는 것이다.

이런 문제는 극도로 화를 내는 사람이 갑자기 예기치 못하는 행동을 감행하는 것만 봐도 알 수 있다. 우리는 화를 참지 못해 집에 불을 질러 가족을 죽이고 자신도 죽는 경우나 운전하다 갑자기 화를 참지 못해 가족을 태운 채 물속으로 뛰어드는 경우를 뉴스에서 접하기도 한다.

이런 현상도 일시적이지만 정신이 이상 현상을 일으키게 된 것으로, 순간적으로는 병리적 증상에 해당한다고 보는 것이다. 이는 정신의 병리적 현상에서 자살 위험성이 그만큼 높아지는 것을 의미한다. 주변에서 정신이 문제되는 증상을 갖고 있는 경우라면 자살할 가능성을 예의 주시하고 보살펴야 할 이유가 여기에 있다.

☜ 사회적 원인 ☞

자살이란 순전히 개인적인 차원으로서 일면 개인의 책임성을 담보하는 것이기도 했다. 그러나 자살의 사회적인 원인은 그 관점부터가 매우 다르다. 사회에서 일어나는 모든 현상을 개인적인 차원이 아니라 사회적인 차원에서 보고 해석하려는 입장이기 때문이다. 이런 점에서 자살의 사회적 원인은 인간의 행동을 단순한 심리적 요인이 아니라 사회적 요인과의 관계 속에서 분석한다. 즉 종교, 결혼, 가족, 이혼, 원시적 관행, 사회적, 경제적 위기 등을 자살과 관련시켜 분석하려는 것이다.

이는 선입견이 배제된 사회적 사실만이 사회 현상을 올바로 분석하는 방법이기에 모든 사회학적 탐구 주제는 공통적으로 미리 규정된 일련의 현상이어야만 한다는 생각에 기초하고 있다. 아마도 사회학자는 외적 측면으로부터 그 존재를 추론해 낼 수 있는 사회적 사실에만 관심을 둬야 한다는 것인지 모른다. 이는 자살이 개인의 심리적 문제이기도 하지만, 사회 구조적 측면에서 필연적으로 파생된 일종의 사회적 타살이라는 점을 말하지 않을 수 없다.

고통의 해결로서의 자살

인간에게 고통은 삶을 힘들게 만든다. 개인은 어떤 고통이든 그것이 극도에 도달되는 경우, 죽고자 하는 생각을 어렵지 않게 하게 된다. 고통을 벗어나는 수단으로 '죽음'을 생각하는 것이다. 이럴 때는 그 멀기만 하던 죽음이 그다지 멀지 않게 생각되기도 한다. 사람이 살면서 한두 번 정도는 "차라리 죽는 게 낫지 않을까?"라고 생각해 보지 않은 사람이 있을지 모르겠다.

개인차는 있지만 이런 고통은 대체로 신체적인 면이 더 크다. 신체적인 고통은 개인이 어떤 질병으로든 통증의 지배하에 놓일 때다. 그럴 때는 죽고 싶은 생각도 든다. 아무리 치료해도 해결되지 않는 질병으로 통증이 심화돼 자주 고통을 호소하는 경우 심리적 절망이 자신을 엄습한다.

나폴레옹이 아프리카를 침공했을 때의 일이다. 그는 이집트 원정에서 알렉산드리아를 점령한 후 부상당한 클레베르를 적지에

76

자살, 가장 불행한 선택

남겨두고 남은 군사를 인솔해 사막을 횡단해서 카이로로 진군했다. 설상가상으로 우물은 바짝 말라 버렸거나 독이 풀어져 있었다. 그때 상황이 얼마나 힘들었는지, 알렉산드리아에서 카이로까지 가는 12일간의 여정에서 수많은 사람들이 자살했다고 한다. 동료들의 고통을 눈앞에서 지켜본 사병들은 자기 머리에 총을 쐈다. 장군이나 나폴레옹이 지나갈 때 무기와 짐을 지닌 채로 나일강에 몸을 던져 자살한 사람도 있었다고 한다. 이는 물론 최악의 기후를 견디지 못해 일어난 자살이다.

그러나 고통은 이런 자연적인 환경 외에도 심리적인 문제로 괴로움을 견디지 못하는 경우가 더 많다. 특히 경제적 문제로 인한 심리적 고통은 과히 헤아리기 어렵다. 경영난을 막아 보려 사채를 끌어 써 낭패를 본 중소기업이나 가정 경제를 파탄내지 않으려고 급하게 사채를 빌려 원금이 눈덩이처럼 불어나는 바람에 원금은 커녕 이자도 감당하지 못하면서 갖은 협박을 견디다 못해 마침내는 '신체포기 각서'를 써 주는 사람들도 있다. 이 삶의 질곡에서, 절망의 구렁텅이에서 구출해 줄 사람이 누구일까 하고 아무리 외쳐 봐도 답은 들려오지 않는다.

빚더미에 시달린 사람에게 은행 카드도 동일한 경우다. 세상에서 가장 무서운 것이 은행 빚이라는 사실을 경험해 본 사람이라면 누구든 알 것이다. 그야말로 아무리 돌려막기를 해도 그 끝이 보이지 않는 현실에서는 막다른 골목으로 내몰리는 심리적 고통을 당하게 된다. 처음 신용카드 사용과 그에 따른 정책은 돈이 급한 서민에게 마치 막힌 관을 뚫는 대안처럼 느껴졌다. 현금서비

자살에 대한 오해와 진실

스 한도를 대폭 늘려 신용카드에 대한 생각이 긍정적으로 바뀌었기 때문이다.

그러나 알고 보니 그것은 마치 사막의 오아시스가 아니라 우리를 속이는 신기루였다. 카드 회사는 '외상이면 소도 잡아먹는다'는 심리를 너무나 잘 활용했고, 적절한 대비책 없이 실행된 섣부른 정책이 낳은 폐해였다. 이로 인해 많은 사람들이 신용카드 불량자로 내몰렸고, 오히려 사회의 경제적 흐름에 역행해 그것을 추스르느라 한동안 몸살을 앓았던 경험을 잊을 수 없다.

부양 기피에 의한 자살

독거노인들이 잇따라 자살하는 사건이 발생하고 있다. 독거노인들이 일반 노인들보다 스스로 세상을 등지는 일이 3배나 많다는 보고도 있다. 그들 중에는 아무런 연고도 없는 노인들이 간혹 있지만, 자녀들이 있거나 여러 자녀를 둔 노인들도 있다. 우리는 이를 미디어 매체를 통해 여러 번 접해서 익히 알고 있다.

자녀가 여러 명인데도 서로 부양을 미루는 탓에 길거리에 나앉는 경우도 있다. 가진 재산을 물려받기 위해 위장 부양을 하다 들통이 나자, 아예 협박하면서 재산을 빼앗고 부모를 돌아오지 못할 먼 곳에 내다버린 자녀도 있다. 잘 모시겠다고 양로원에 위탁하고서 나타나지 않거나 연락이 두절된 사람은 그 수를 헤아릴 수 없다고도 한다. 젊을 때 자식을 키우느라 온 힘을 다했건만 성장한 자녀들이 돌보지 않고 있다. 힘이 다해 이제는 자녀들의 도움이 필요한 경우지만, 그들은 무엇 때문에 부모를 외면하는 것일까?

외로운 노인들의 자살은 사회 병리적 현상이다. 우리 사회가 안전망을 갖추지 못해서 일어나는 일이기 때문이다. 기력이 쇠해서 노동할 힘이 없는 노인들은 국가의 도움을 필요로 하지만, 국가는 전혀 책임질 수 없는 안타까운 상황이다.

물론 최근 정부는 노인들을 '기초생활수급자'로 정하고 최소한의 생계를 보장하는 정책을 펴고 있지만, 그것이 얼마나 실제적이지 못한지 아는 사람은 다 안다. 서류상 자녀가 경제활동을 한다고 기록돼 있어 그나마 보조금을 받지 못하는 노인이 생각보다 많기 때문이다. 자녀들은 전혀 돌보지 않는데도 말이다. 게다가 그런 노인들은 심리적 배신감이나 모멸감까지 겹쳐 절망적 심리가 이만저만이 아니다.

이런 상황에서 외로운 노인들의 자살이 증가하고 있다. 이들의 자살은 부끄럽게도 OECD 회원국 중 가장 높게 나타나고 있다. 통계청 자료에 의하면 60세 이상의 노인들 중 2001년 1890명, 2003년 3612명, 2005년 4349명이 자살해 갈수록 증가하고 있음을 알 수 있다.

이러한 노인 자살의 증가는 그동안 효를 강조하며 부모를 모시고 노인 공경을 자랑하던 우리 사회의 심각한 변화를 의미한다. '부모는 부모이고 나는 나'라는 서구 개인주의 사상의 단면이 우리에게도 침투한 것이다. 자녀들을 위해 온전히 희생한 부모들은 더 이상 자녀들에게 노후를 기댈 수 없는 현실이 됐고, 아울러 어떻게든 노후를 스스로 준비해 두어야 한다는 사실이기도 하다.

자살에 대한 오해와 진실

생활고에 의한 자살

경기침체가 계속되면서 극단적 빈곤으로 인한 죽음, 나아가 '생계형 자살'이 늘고 있다. 심지어 우리 주변에는 전기·수도·가스 요금조차 제대로 내지 못해 고통받는 가정이 적지 않다. 이들은 최소한의 생존권마저 위협당하고 있다.

한전에 따르면 전기료 체납가구 숫자는 79만여 가구이고, 이 가운데 기초생활 보호대상자가 36만 가구인 것으로 알려졌다. 함께 살아가는 우리나라에서 어떻게 이런 일이 가능한지 모르겠다. 전기, 수도, 가스가 끊겨 가장 기초적인 생활 여건마저 유지하지 못하는 저소득층, 빈곤층에 대한 제도적인 특단의 장치가 강구돼야만 한다.

생활고로 인한 자살은 오래전의 일이기는 하지만, 어느 소녀가장의 죽음이 대표적 사례에 해당한다. 그녀는 아버지가 없는 중학교 3학년 소녀가장으로, 고등학교 등록금이 없는 것과 생활고를 비관해 자살했다. 고등학교 진학을 앞두고 입학금 마련 등의 고민을 홀로 감당하면서 심리적인 고통이 컸던 것이다. 그녀는 그날 학교 선생님이 준 음료수를 가지고 와서 초등학생인 막내 여동생에게 주면서 "엄마 말씀 잘 들어. 나 잘 테니 소리가 나더라도 깨우지 마라."고 부탁한 뒤 방문을 걸어 잠그고 자살했다.

그녀는 A4용지 5장 분량의 유서를 남겼는데, 유서에는 가족과의 갈등, 가난에 대한 절망, 친구에 대한 고민, 꿈에 대한 애착, 그리고 어머니와 자매에 대한 사랑 등이 적혀 있었다. 절망과 희망 사이에서 갈등하던 소녀가 끝내 자살로 생을 마감한 사실은 우리 마음을 안타깝게 했다. 사회 안전망에 문제가 있음을 드러내는 사건이기 때문이다. 제대로 된 사회라면 가난해도 공부할 수 있고, 병들어도 치료받을 수 있는 사회 안전망이 구축돼야 할 것이다. 이는 자살을 더 이상 개인의 정신 병리적 문제로만 볼 수 없는 이유이기도 하다.

나아가 가족이 집단 자살하는 경우에는 더한 충격을 안겨 준다. 실제로 경제적 압박이 계속되는 요즘, 동반 자살하는 가족이 점차 늘고 있다. 가족 동반 자살은 일반적으로 생계형 자살이 대부분을 차지한다. 도저히 견뎌 내기 어려운 경제적 압박을 견디다 못해 가족이 동반 자살을 하는 것이다.

각종 중독에 의한 자살

요즈음 각종 중독으로 인한 자살이 늘고 있다. 세계보건기구(WHO)에 의하면, 전 세계적으로 약 4억 5,000만 명이 정신질환을 앓고 있다. 그중 1억 5,000만 명이 우울증 환자이고, 9,000만 명이 알코올 혹은 약물중독 환자이며 2,500만 명이 정신분열병을 앓고 있고, 해마다 1백만 명이 자살로 생을 마감하고 있다.

중독이란 어떤 물질을 섭취하거나 행위를 함에 있어 신체 · 정신 · 사회적 문제를 일으키지 않고 적절히 할 수 있는 통제 기능을 상실하게 되는 뇌의 질병이라고 알려진다. 이는 정신건강에 심각한 장애를 초래하여, 당사자는 물론 주변 가족과 사회에 엄청난 고통과 손실을 안겨 주는 실로 파멸적인 정신질환이다. 중독의 대상은 참으로 다양한데, 알코올이나 약물과 같은 물질에 대한 중독이 전통적으로 잘 알려져 있지만 최근에는 도박, 게임, 인터넷, 섹스 등과 같이 즉각적인 쾌감이나 긴장 해소, 흥분을 유도하는 행위에 대한 중독의 중요성이 높아지고 있다.

중독으로 인한 자살은 대개 간접적 형태를 띠는 것이 특징이다. 이는 직접적 자살이 아니기에 위험을 알아차리기 어렵다는 의미이기도 하다. '설마 죽기까지야 하겠어?'라고 생각했는데 죽는다는 점에서 주변 사람들의 주의력이 요구된다. 이러한 중독은 모두 중독으로 인한 죽음을 부르기 때문에 간접적인 자살을 초래한다.

우리는 미디어 매체를 통해 열흘 넘게 게임만 하다 숨진 청년의 기사나 밥을 굶고 50시간 동안 계속 게임만 하다가 탈진해서 사망하는 경우 등을 알고 있다. 이런 현상이 바로 간접적으로 자살에 해당한다. 그뿐만 아니라 10대에서 20대, 30대에 이르는 연령층에서 게임 중독으로 인한 죽음이 흔치 않게 나타나고 있다는 점은 우려할 만하다. 이들 중독은 직접적인 행동이 아니라 해도 결과적으로는 자살에 이르게 되는 통로가 되고 있기 때문이다.

실제로 게임 중독은 다른 중독을 능가하는 경향이 있다. 최근 병원에는 알코올 중독이나 도박 중독 외에도 게임 중독 환자들의 입원이 늘고 있다. 게임에 빠져 식사도 거르고 잠도 안 자고 일도 포기하고 게임에만 몰두하다 견디다 못한 가족들에 의해 강제로 입원되는 사례가 늘고 있는 것이다.

이러한 다양한 중독은 임상 현상이나 치료 방법의 차이보다는 뇌의 보상 회로에 장애를 일으키는 공통적인 신경 생물학적 병리

소견이 발견되는 측면이 특이하다. 내성이나 금단과 같은 생리적 변화가 일어나는 것이나, 갈망에 대한 조절 불가능, 심리적인 퇴행과 극단적인 자기중심적 성격변화 등 중독의 대상은 달라도 임상적인 현상은 매우 유사한 점이 많다. 치료와 재활에서 사용되는 약물도 유사할 뿐 아니라 자신의 중독을 인정하게 하고 중독 행동을 끊을 수 있는 여러 가지 방법, 스트레스를 관리하는 방법과 대처 기술을 학습하고 12단계와 같은 영성 회복 프로그램이 활용되는 점에 있어서도 거의 유사하다.

투자 실패로서의 자살

투자 실패로 인해 자살하는 사람도 있다. '10억 만들기' 신드롬에 빠진 부녀가 재산을 탕진하자, 딸이 스스로 목숨을 끊고 아버지는 딸의 자살을 방조한 혐의로 쇠고랑을 차는 사건이 발생했다. 국내 최고의 통신회사에 최연소 합격해 승승장구하던 그녀는 이혼한 아버지와 함께 서울 영등포구 양평동에서 옥탑방 생활을 시작했다. 그녀는 아버지가 14년간 지방 세무공무원 생활을 했지만 빈털터리가 되어 모든 생계를 책임져야 했다.

그러나 격무에 시달리는 데다 중요한 프로젝트를 책임지는 자리에서 번번이 미끄러지자, 2003년 5월 갑자기 사표를 냈다. 퇴사한 그녀는 최근 몇 년 사이 서민들의 인생 목표가 되다시피 한 '10억 만들기'에 골몰했고, 재취업은 관심 밖이었다. 그녀는 아버지에게 "1년 내 10억 원을 만들지 못하면 같이 죽자."고 제안했고, 아버지도 "그러자"고 다짐했다.

이들은 전 재산인 퇴직금 5천만 원 가운데 2천 5백만 원을 투기성이 강한 코스닥업체 주식에 투자했다. 하루에도 수십 번씩 주식을 샀다가 다시 되파는 초단타 매매를 했지만, 그들에게 돌아온 것은 깡통계좌뿐이었다. 컴퓨터 프로그램을 통한 통계 분석으로 숫자를 찍어 매주 로또에도 30만 원씩 투자했지만, 당첨금이 1백만 원인 3등에 세 번 당첨됐을 뿐이었다. 결국 2004년 8월 22일, 통장 계좌잔고는 '0'이 됐다.

부녀는 이날 옥탑방에서 소주잔을 기울이다 그녀가 먼저 목숨을 끊으면 아버지가 시신을 처리하고 뒤따르기로 했다. 그녀는 "이제 갈 때가 되어서 갑니다."라는 유서를 남긴 뒤 목숨을 끊었다. 아버지는 이틀 동안 딸의 시신을 옆에 두고 통한의 눈물을 흘리며 술을 마시다 혼수상태에 빠졌지만, 월세를 받으러 온 주인에 의해 발견돼 목숨을 건졌다. '10억 만들기'는 정당한 방법으로 노력하지 않는 이들에게는 신기루임을 보여 준 사건이다.

투자 실패로 인한 자살은 도피적 성격이 강하다. 카드빚으로 인한 자살과 함께 주식 실패, 투자 실패로 인한 자살은 경제적 이유가 동기로 작용한 자살이라는 점에서는 맥을 같이한다. 이런 자살의 특징은 우리 사회에 팽배한 황금만능주의로부터 그 비극적 결과가 출발된 데 공통점이 있다.

언제부터인가 우리 사회에는 주식 투자, 부동산, 펀드 등 종잣돈으로 빠른 시간에 큰 돈을 벌 수 있다는 이른바 '재테크 열풍'이 번지기 시작했다. 재테크가 합법적인 투자 전략이라면 로또를 비롯한 사행성 복권들이 국민들의 한탕주의를 부추기는 방법으로

또 다른 열풍을 주도하게 된다. 그런 점에서 재테크나 로또 열풍은 우리 사회에 팽배해 있는 황금만능주의의 폐해를 여실히 드러내고 있다.

누구나 열심히 노력해서 오늘보다 나은 내일을 살겠다는 의지는 인간으로서 당연한 욕구가 아닐 수 없다. 하지만 정도가 지나치면 문제가 생기게 된다. 직장인들 사이에서 유행처럼 번지고 있는 '10억 만들기' 신드롬 따위는 이제 남녀노소 누구나 뿌리칠 수 없는 위험한 유혹이 되고 있다. 돈이란 많으면 많을수록 좋다고들 하지만, 어디까지나 삶의 목표를 실현하는 수단에 불과하다.

아무리 돈이 많더라도 제대로 쓰지 못하고 관리하지 못하면 더 큰 불행을 자초한다. 이런 한탕주의는 성실하게 노력하지 않다가 끝내 목숨을 담보로 하는 도박성에 빠지는 데 문제가 있다.

낙태로 인한 자살 위험

인터넷과 미디어의 발달, 손쉬운 정보 공유로 인해 우리 사회에는 성적인 정보와 자극이 갈수록 넘쳐나고 있다. 실생활에서 성적인 접촉도 그만큼 빈번해지고 있기 때문에 원치 않는 임신을 할 가능성이 높아지고 있다. 이는 그대로 미성년자들의 낙태로 인한 자살을 부른다.

신세대 군인들의 자살 위험

신세대 군인들의 자살이 사회에 종종 알려지는 경우도 있다. 물론 군대라는 특수한 집단에서 일어나는 일이기에 이를 일반화시킬 수는 없다. 다만 지금도 사회에서는 군대 문화를 획기적으로 개선해야 한다는 의견이 많은 하나의 이유라는 점은 지적할 수 있다.

공부 부담으로 인한 청소년들의 자살

도피성 자살은 대개 비참한 상황으로 인한 자살이 기초를 이룬다. 비참한 상황이란, 누구의 도움도 기대할 수 없어 삶을 지탱하기 너무나 힘겨운 상태다. 이런 상황에서는 주변 환경도 어렵지만 개인의 심리적인 측면이 더욱 무겁게 느껴져 심한 절망감에 빠진다. 지푸라기 하나라도 붙잡고 싶지만 허용되지 않는 상황이라고 해야 한다.

더욱이 이런 도피성 자살은 자아정체성이 아직은 형성되지 않은 아동이나 청소년들에게 노출돼 있다. 이들은 삶의 어려운 상황에서 적응력이나 인내심이 성인에 비해 훨씬 약하기 때문에 도피 수단으로 취하기 쉽다는 점에서다. '학교와 집'이라는 단순한 생활의 굴레에서 무거운 공부의 부담은 그들을 짓누르는 현실로 인식되기 쉽다. 이는 아무리 노력해도 지금의 상황을 개선할 수 없다는 스트레스 상황이나 심각한 갈등 상황으로 이어져 도피성 자살을 부추길 위험성이 높아진다.

이런 점에서 그들의 자살 위험을 알아차리는 지혜가 필요하다. 이런 상황에 있는 자살 시도자들은 대개 수동적이고 타인과 의사소통이 단절되는 양상을 보인다. 자신의 자아상과 상반된 자신의 처지, 자신의 내적 고통에서 벗어나려는 수단의 하나로 자살을 선택하는 것이다.

신체적 질병으로 인한 자살

자살은 신체적 질병과 관련이 많다. 자살한 사람의 32%가 죽기 전 6개월 내에 각종 신체 질병으로 치료를 받았으며, 자살자의 주검을 부검한 결과 25~75%가 신체적 질병을 앓고 있었던 것으로 조사됐다. 이런 점에서 신체적인 질병과 자살은 깊은 관계를 가진다.

최근 들어 어린이, 청소년과 노인층에서 우울증과 자살률이 현격히 증가하는 것도 이런 신체 질병과 무관하지 않은 것으로 보기도 한다. 특히 쉽게 상처받고 유연한 사고나 문제해결 능력이 부족한 어린이·청소년들은 자기들이 받은 스트레스를 그대로 공격적인 행동으로 드러낼 가능성이 높으며, 주변의 지나친 관심이 오히려 이를 촉발시킨다.

게다가 노인들은 만성질병으로 인한 신체적 고통과 경제적 무능력, 사회적 지원의 부족 때문에 자살률이 제일 높은 것이다. 노인에게 올 수 있는 신체적인 질병이 몇몇을 제외하고 따로 정해져 있는 것은 아니다. 그러나 같은 질병에 걸렸을 경우 젊은 사람은 신체적인 의료 혜택만 받으면 완쾌되지만, 노인의 경우는 질병에 걸림으로 해서 자아존중감이 극도로 낮아지고 무능력감을 느끼며 우울증 등 심리적인 부분에까지 영향을 미친다. 이것이 발전하여 노인 자살에 이르는 경우도 있다. 노인 자살의 첫 번째 원인으로 질병을 들 수 있는 이유다.

이처럼 노인의 신체적 질병은 자살을 부를 위험성을 높인다. 그럼에도 국가의 노인에 대한 자살 예방책은 아직도 미미한 수준이다.

THEMA 04

질병 비관 자살의 사례

질병을 비관해 자살하는 경우는 대개 노인들에게 편중돼 있다. 특히 노인에게 해당되는 경우에는 복합적 특성을 보인다. 예를 들어 노환으로 인한 통증 및 퇴직, 아내의 사별로 인한 외로움 등이 겹쳐 생긴 '마음의 병'이 원인이다. 노인의 생활고, 질병, 그리고 심리적 원인까지 겹쳐 자살하는 경우다. 주로 은퇴자들이 신체 기능의 저하, 가까운 사람의 죽음, 각종 만성질환 등으로 자살을 선택하는 경우다.

특히 퇴행성 질환으로 인한 만성통증은 신체 기능을 저하시킬 뿐 아니라 거동 불편으로 인해 독립적인 생활력 상실과 고립감을 유발한다. 이 경우 정상인에 비해 우울증 발생이 5배나 높아지고, 자살 위험도 그만큼 높아진다. 이런 상황에서 경력이 화려한 사회 지도층 인사들은 이런 위험에 더 노출돼 있다. 과거에 비해 비교할 수 없이 육체적·정신적으로 초라해진 자신의 모습을 보고 더욱 비관적이고 부정적인 사고에 빠져 자살이라는 극단적인 선택을 하게 된다.

2005년 5월 17일, 전 대법원장이 마포대교에서 투신자살했다. 그는 자살하기 전까지 노인성 질환에 시달린 것으로 확인됐다. 통원 치료를 받은 병원 담당의사는 요추염좌 재발로 물리치료 받을 것을 처방했고, 그때까지 그는 모두 5차례 치료를 받았다. 그는 기침을 심하게 한 후 허리가 아프기 시작해, 일어설 때마다 통증에 시달렸다고 한다.

진료 기록에 따르면, 그는 지난 2000년 허리를 삐어 그해 4월 24일부터 6월 29일까지 치료를 받았다. 아들의 말에 의하면 2주 전부터 '자살하고 싶다', '너무 고통스럽다'는 말을 되풀이했다고 한다. 이미 오래전에 아내와 사별했던 점도 외로움을 가중시켜 자살에 크게 작용한 것으로 알려진다.

2003년 1월 21일에 발생한 현역장군의 자살도 여기에 해당한다. 육군본부 계룡대에서 이모 준장은 수년간 당뇨, 고혈압, 간염 등으로 약물과 통원치료를 받아 오다가 신병을 비관해 자살했다. 당시에 그의 자살은 창군 이래 현역장군이 처음으로 자살한 사례였다. 수천 명을 거느리는 장성급 군지휘관이 자살을 택하여 사회에 충격을 주었다. 이는 신병을 비관해 자살한 것이기는 하지만, 사회지도층 인사들의 자살이어서 그만큼 파급효과가 큰 것이다.

때로는 학교장이 이런 대열에 들어서는 경우도 있다. 학생과 신세대 장병의 자살을 막아야 할 교장과 장군마저도 자살을 선택하고, 대법원장 같이 우리나라를 대표하는 직위에 올랐던 인물까지도 자살을 선택하는 형국이다.

어느 일간지에 보도된 기사는 이런 상태를 더욱 상징적으로 보여 준다. 서울 오류동에서 두 노인이 숨진 채 발견된 사건이다. 지난 1년간 치매에 걸린 아내를 돌보던 90대 노인이 아내를 목 졸라 숨지게 한 후, 자신도 자살을 선택했다. 그는 "78년이나 함께 산 아내를 죽이는 독한 남편이 됐나."는 내용이 담긴 유서를 남겼다. 당시 기사는 이런 형편에 있는 노인들의 자살이 늘고 있다고 설명했다.

경찰청이 국회에 제출한 국정감사 자료에 의하면 61세 이상 노인 자살자는 3,653명이었다. 이는 전국적으로 하루 10명의 노인이 자살하는 것으로, 2000년 노인 자살자 수(2,329명)보다 무려 56% 증가했다.

자살, 가장 불행한 선택

자살 동향에 대해
전 세계적인 조사와 연구를 하는 세계보건기구는
1968년 다음과 같이 자살의 정의를 내렸다.

"자살이라는 것은
죽음에 대한 의지를 지니고
자신의 생명을 해쳐서
죽음이라는 결과에 이르는
자멸행위이다."

_세계보건기구

자살은
○○이다?

유명 연예인, 기업총수의 자살부터 시작해서 생활고 비관과 성적 비관으로 인한 청소년들의 자살까지. 이런 보도들을 접하면서 "얼마나 힘들었으면 스스로 목숨을 끊는 일을 선택했을까?" 하는 안타까운 마음도 들지만, 한편으로는 "현실을 직시하고 헤쳐 나갈 힘이 없는 무책임하고 나약한 사람이니까 자살을 하지."라는 비난의 마음이 드는 것도 사실이다.

우리는 자살에 대해 많은 것을 알고 있다고 생각하지만 잘못 이해하고 있는 경우가 많다. 이러한 자살에 대한 오해로 인해 자칫 자살 위험에 처한 사람들을 도울 수 있는 기회를 놓칠 수 있다. 그러므로 자살에 대한 가장 흔한 오해와 진실을 이해하는 것이 매우 중요하다.

기우적 사고

대개 '자살'이라는 단어를 이야기하면 자살에 대한 생각이 머리에
떠오르게 될까 봐 또는 자살을 부추길까 봐 아무 말도 안 한다.
그러나 직접적으로 "자살에 대해 어떻게 느끼는가? 자살을 생각
해 본 적이 있는가?"라고 묻는 것이 오히려 자살위협을 줄일 수
있으며, 자살 충동에 대해 표현하도록 기회를 주고 긴장감을 해
소할 수 있도록 해야 한다.

경망한 발언

자살하려는 사람에게 "너무 심각하게 생각하지 마세요."라고 가
볍게 말하거나, 자살은 잘못된 것이라고 강조하면 벌을 주는 것
처럼 치료와 전문적 도움을 권유하는 경우가 있는데, 이것은 자
살 문제의 심각성과 치료받으려는 생각을 축소시키고 자기 존중
감을 더 상하게 할 수 있다. 또한 아무도 도와주지 않을 것이라고
생각하여 문제를 혼자서 해결하려고 하며 치료에 대한 잘못된 생
각을 가지게 하는 경향이 있다.

반향적 습관

스스로 자살할 거라고 이야기하거나 자살하겠다고 위협하는 사람
은 절대 자살하지 않는다고 생각하는 경향이 있다. 관심을 얻기
위해 일부러 자살에 대한 이야기를 한다고 오해하는 경우가 많은

데, 이는 많은 사람들이 가지고 있는 편견이다. 실제로 자살에 대해 이야기하는 사람들 중 10% 정도가 자살을 한다고 한다. 자살에 대한 이야기를 할 때는 문제를 축소하지 말고 있는 그대로 받아들이는 것이 좋으며, 다른 관점으로 생각하여 대화하지 않으면 더 위험해질 수 있음을 명심해야 한다.

부정적 발언

"자살을 할 거면 빨리 해 버리고 더 이상 나를 힘들게 하지 마." 하면서 화난 감정을 표현하는 것은 자살 위험을 증가시킬 수 있기 때문에 절대 하지 않아야 한다. 전문가의 도움을 받아 볼 것을 제안하며 조용히 걱정하는 것이 필요하다. 만일 자신의 화난 감정을 표현한 것에 대해 후회한다면 곧바로 사과하고, 당신이 정말로 걱정하고 있으며 관심이 있다는 것을 알려 주는 것이 바람직하다.

해이한 태도

대개 급한 자살 위기는 지나갔고 증상이 나아졌기 때문에 자살 위험이 없다고 생각해 버리는 경향이 있다. 한 연구에서는 자살시도나 우울증으로 병원에 입원했다가 퇴원한 뒤 90일 안에 자살하는 경우가 80% 이상일 정도로 많다고 보고하고 있다. 따라서 상태가 호전되었다고 해서 자살 위험이 완전히 없어졌다고 생각해서는 결코 안 된다.

방임적 관망

심한 우울증상을 보이는 사람은 자살할 힘이 없다고 생각하는 것은 매우 잘못된 편견이다. 자살자들 대부분은 자살행동 전에 우울증상을 보인다. 심한 우울증을 앓고 있는 사람의 경우, 우울증상이 나아지기 시작할 때 자살행동이 많이 일어난다.

≪ 자살에 대한 7가지 오해와 진실 ≫

오해① 자살 생각이나 계획이 있는 사람들은 자신의 생각을 다른 사람에게 말하지 않으며, 자살은 어떤 경고 없이 일어난다.

진실 10명 중 8명은 그들의 자살의도에 대한 경고 신호를 보낸다. 어떤 경고 신호들은 인식하기가 힘들다. 하지만 이 신호들이 무슨 뜻이며 어떻게 나타나는지 이해한다면, 그의 자살 의도를 알 수 있다.

오해② 자살에 대해 이야기하는 사람들은 자살을 하지 않을 것이다.

진실 자살 생각이나 자살 기도는 '도움을 찾는 울음(cry for help)'이다. 도움을 찾아 외치는데도 주변에서 반응을 하지 않는다면 자살을 시도하여 비극적인 결과가 생길 수 있다.

오해 ❸ 자살에 대해서 말하는 사람은 단지 주의를 끌고 싶기 때문이다.

진실 아무리 사소한 일이라도 자살에 관해 이야기하거나 관심을 끄는 행동은 도움을 찾는 것이므로 경청하고 반응을 해야 한다.

오해 ❹ 자살하려는 사람들은 죽음에 대해 몰두하고 있다.

진실 아무런 경고 신호도 없이 죽음에 몰두해 있는 사람들은 매우 적다. 절대 다수의 사람들은 죽기를 원하지 않는다. 그들은 자신이 겪고 있는 심한 정서적인 고통이 끝나기를 바랄 뿐이다.

오해 ❺ 자살에 대해 내놓고 이야기하는 것은 자살 시도를 하려는 사람들의 목숨을 끊게 할 수 있다.

진실 직접 드러내 놓고 자살과 자살 감정에 대해 이야기하는 것은 자살하려는 사람에게 그것에 대해 이야기해도 좋다고 허용하는 것이다. 민감성을 갖고 보살피는 마음으로 이야기함으로써 당신이 그들을 보살펴 주며, 도와주고, 그와 함께 있다는 것을 전하게 된다.

오해 ❻ 자살하는 사람들은 모두 정신병적 행동을 하는 사람이다.

진실 자살을 감행하는 사람의 대다수는 정신병을 가졌다고 진단을 내릴 수는 없다. 그들은 어떤 특정한 시기에 고립감을 느끼며, 극심한 불행감과 외로움을 느끼는 사람들이다. 자살 생각과 행동들은 그들이 대처할 수 없다고 느끼는 삶의 스트레스와 상실감의 결과일 수 있다.

오해 ❼ 특별한 유형의 사람들만이 자살을 기도하거나, 자살을 하거나 혹은 자살 생각을 한다.

진실 자살 생각, 감정, 행동들은 어떤 사회 계층, 종교집단, 연령 혹은 사회 수준이든 누구에게나 일어날 수 있다.

THEMA 05

자살에 대한 잘못된 태도

자살은 한 개인이 자신의 고통스러운 현실을 끝내는 개인적인 죽음의 형태로 본다. 그러나 자살은 인생의 끝이거나 개인적인 사건이 아니라 사회 공동체의 문제가 된다.

자살은 끝이다?
인간은 자살이 자기 자신을 괴롭히는 골치 아픈 문제와 단절할 수 있는 유일한 돌파구라고 생각한다. 그러나 자살은 한 사람이 끝이 아니라, 남겨진 사람들에게 또 다른 고통을 안겨다 준다. 자살자의 가족과 친구를 비롯하여 이웃들, 공동체의 구성원들에게 갑작스러운 사건으로 인하여 크나큰 충격으로 외상 후 스트레스

장애를 갖게 하고, 가족이 자살을 막지 못했다는 죄책감에 시달리게 된다.

또한 사회적인 낙인감과 수치감, 절망감, 우울감으로 인하여 매우 고통스러운 삶을 살게 된다. WHO의 보고에 의하면, 한 사람이 자살함으로써 평균 6명 이상에게 심각한 정신적 외상을 경험하는 유가족이 발생한다고 보고한다.

자살은 개인적 사건이다?

자살은 개인적으로 삶에 적응하지 못해 생기는 문제이기에 다른 사람들이 관여할 수 있는 문제가 아니라고 생각한다. 그러나 자살은 그 행위 자체는 개인적인 사건일지 몰라도, 나타나는 결과는 사회적 현상으로 나타나게 된다. 한 사람의 자살은 주변 사람들에게 정신적인 충격과 고통을 남기게 될 뿐만 아니라 또 다른 주변 사람들에게 연쇄적인 자살을 유발하게도 하기 때문이다.

사회에 생명경시 풍조를 만연하게 하여 생명존중문화를 조성하는 법규범으로부터 이탈하게 하여 그가 속한 공동체를 불안과 혼란 속으로 빠져들게 한다. 이러한 자살은 우리 사회의 인적 자원을 상실하게 하며 막대한 사회적 · 경제적 비용이 들어가게 한다.

"자살하는 모든 사람들은 유죄."

_드니 디드로

눈여겨보아야 할
자살 징후들

　자살충동을 느끼는 사람들은 심한 정서적 고통을 느끼고 있다. 그들은 이 고통이 끝나기를 바라고 있다. 그런데 자살충동을 느끼는 10명 중 8명은 그들이 고통에 대처하지 못하고 있다는 것을 나타내기 위하여 경고신호를 보낸다고 한다. 자살충동을 느끼는 사람이 도움이 필요하다는 의사를 전달하고 있는 것이다. 경고신호는 보통 집단 내에서 일어나며, 한 사람이 몇 가지 서로 다른 경고신호를 보이기도 한다.

　자살은 매우 급박한 상황에서 일어난다. 그리고 자살하려는 사람에게는 시간이 많이 허용되지 않는다. 이는 자살하려는 사람의 동정을 살피며 시간을 다투어 신속하고 적절히 처리해야 함을 의미한다. 그렇게 하지 않으면 순간적인 실수로 생명을 잃기 쉽다. 이는 자살 징후를 눈여겨보아야 하는 것이 그만큼 중요한 이유다.

자살의 위험요소(risk factors)를 파악하는 일은 일차적으로 중요하다. 자살의 위험요소를 알아차리는 것은 가장 쉽게 예방적 효과를 갖기 때문이다. 자살 기도자들의 단일 요소로 자살의 직접적 원인을 파악하는 것은 그다지 쉽지는 않다. 그러기에 일단 통계적으로나마 자살 가능성이 높은 '위험 요소'를 파악할 수 있어야 한다. 자살의 위험요소는 다음과 같이 구분할 수 있다.

사회생활과 사람들로부터의 고립

사회생활과 사람들로부터의 고립은 위험요소다. 사람은 어떤 이유로든 힘이 빠지면 스스로 고립을 자초한다. 사람을 만나지 않으려 하고 심하면 집 밖을 나서지 않으려 한다. 이런 현상은 이미 '마음의 병'이 든 것으로, 그 결과는 고립을 자초하는 것으로 나타난다. 사람을 싫어하는 현상은 매우 위험한 증상이다.

평소에는 그러지 않던 사람이 갑자기 사람을 회피하는 태도를 보이는 경우는 이미 마음에 긍정적인 에너지가 급격하게 감소됐음을 의미한다. 이런 현상은 아동에서부터 장년에 이르기까지 예외를 둘 수 없다. 다양한 계층에서 자살이 일어나고 있기 때문이다. 지나친 학습 부담으로 인한 중고생과 재수생의 자살이라든가 인터넷 자살사이트의 공개적인 유혹, 경기침체 장기화와 실직, 직장 등으로 인한 스트레스성 자살, 그리고 독거노인의 자살 등이 줄줄이 이어지고 있다.

사람을 회피하는 현상은 세 가지 유형으로 구분된다. 먼저 첫째, 자연을 찾는 유형이다. 주로 자연을 찾는 사람들은 사람을 싫어하는 유형으로, 등산을 좋아하거나 들이나 바다로 자주 나가려는 사람들이다. 물론 이들 중 사회생활을 열심히 하면서 쉼을 위해 자연을 찾는 경우는 예외다. 그러나 사람이 싫어서 자연을 찾는 사람들은 이미 마음에 병이 들어 있는 것으로 볼 수 있다.

둘째, 어쩔 수 없이 사람을 만나는 유형이다. 사회생활을 위해 사람을 만나지만, 마음속으로는 만나고 싶지 않은 경우다. 만일 평소에는 그런 생각을 하지 않던 사람이 갑자기 그런 태도를 보이는 경우에는 눈여겨볼 필요가 있다.

셋째, 두문불출하는 유형이다. 사람을 회피하기 위해 집에만 있는 사람들은 은둔을 시도하는 것이다. 이런 사람은 이미 마음이 심각한 상태가 됐음을 의미한다. 이들은 집에 가만히 있는 것이 아니라 수없이 세상과 사람에 대해 실망하고 좌절하며 삶을 어둡게 보는 일에 시간을 허비하고 있다.

죽음에 대한 생각과 잦은 언급

죽음에 대한 생각을 자주 하고 자꾸만 죽고 싶다고 말하는 사람도 위험하다. 삶이 허무하고 인생에 대해 부정적인 평가를 내리는 사람은 죽음에 가까워지고 있는 것으로, 이미 삶에 대한 관심이 철수했음을 의미한다. 이런 사람들은 사후세계에 대한 관심이 높아져, 죽음과 관련된 서적이나 영화, 음악 등에 집착을 보인다. 이런 태도는 자살 위험이 높아진 것을 의미한다.

자살 시도자들은 삶과 죽음을 생각하며 자살 생각을 자주 한다. 이런 사람들 중에는 누군가와 대화하다가 직·간접적으로 자살 의도를 내비치는 경우도 있다. 이런 경우에는 자살 의도를 직접 질문해야 한다. 그 사람을 자극할까 두려워서 우회적으로 질문해서는 안 된다. 단도직입적으로 질문해야 한다. 다만 적절한 방법을 활용해야 한다.

예를 들어 "자살을 생각하고 있나요?"라고 질문한다면 질문 받는 자를 당황하게 만들어 순간적으로 "아니요."라고 거짓말을 하게 할 수 있다. 따라서 "이야기를 듣고 보니 정말 많이 힘들겠네요. 정말 어떤 때는 차라리 죽고 싶다는 생각도 들 것 같아요."라고 말하는 것이 더 적절하다.

자살 의도를 질문하면 자살할 생각이 있는 사람들은 성격에 따라 다른 대응을 보인다. 내성적인 사람들은 이를 숨기고 "앞으로 나를 보지 못하게 될 것이다.", "아마도 나를 만나기 어려울지 모른다." 등의 암시적인 말로 대신한다. 반면 너무나 힘들어 견딜 수 없는 경우에는 그럴 생각이 있는 것으로 답하기도 한다.

자살이 임박한 사람과 대화를 나누는 것에 대해 일반인들은 불안해한다. 대화를 나누는 것이 오히려 자살 심리를 자극할지 모른다는 불안감 때문이다. 그러나 이들과 대화를 나누는 것은 오히려 자살의 위험을 줄이는 데 도움이 된다. 다만 대화를 나누면서 점차 불안감을 줄이는 쪽으로 대화가 진행되어야 한다. 이는 특히 청소년들에게 효과적인데, 이들은 대화를 나누는 것만으로도 심리적인 상황을 바꿀 수 있기 때문이다.

자살에 대한 오해와 진실

신체적인 질병이나 사고의 증가

신체적인 질병이나 사고의 증가도 자살의 위험요인 중 하나다. 신체적인 질병은 심리적인 약화를 초래한다. 중병으로 고통이 극심해 심리적인 괴로움을 경험하는 경우에는 죽고 싶은 생각이 커지기 때문이다. 반드시 질병이 아니더라도 약물 복용이나 알코올 중독 상태도 이와 같다. 알코올 의존이 다른 정신질환과 동반될 경우, 특히 자살 위험성이 높아진다.

이런 현상은 갑작스럽게 당한 사고로 신체 일부를 상실하거나 크게 손상을 당한 경우에도 마찬가지다. 큰 사고를 당해 신체 일부를 상실한 사람들이 대부분 자살을 생각한다는 점에서 이를 엿볼 수 있다. 예를 들어 교통사고로 신체 일부를 상실했거나 큰 손상을 입었을 경우에는 의욕이 꺾이거나 좌절하고 갑자기 인생이 허무해진다.

사고의 증가에서는 자신뿐 아니라 가족의 사고도 해당한다. 최근 가족들의 죽음이나 건강 상실 등 삶에서 어려운 일을 당했을 때, 가족들 중 자살한 사람이 있을 때, 죽은 가족에 대해 강한 죄의식을 갖고 있을 때 등이다. 가까운 사람의 죽음이나 감당하기 어려운 스트레스로 심리적 어려움에 처해 있는 자살 시도자에게는 자살이 하나의 해결책이 될 수 있기 때문이다.

가족 중 자살한 사람이나 정신질환을 앓는 사람이 있는 경우에도 위험이 높아진다. 이런 경우 타인에게 자신의 속마음을 쉽게 털어놓기 어려워 혼자만의 고민이 가중되는 편이다.

죽은 가족에 대한 죄의식은 강한 죄책감을 일으켜 자살해서라도 다시 결합하려는 심리를 자극할 수 있다. "내가 이런 모양으로 사는 것을 돌아가신 어머니가 보신다면…… 저는 정말 면목이 없습니다.", "돌아가신 아버지와 함께 다시 행복하게 살고 싶습니다." 등의 말을 반복적으로 하는 경우가 이에 해당한다.

학교 및 직장에서 문제를 일으키는 경우

학생이 학교에서, 성인이 직장에서 문제를 자주 일으킨다면 이는 여러 가지 복합적인 결과를 가져온다. 이런 문제는 자살을 시도할 힘을 갖게 만드는 요인으로 작용하기 때문이다. 일반적으로 자살하려는 사람들은 적극적으로 자살 시도를 할 수 있는 힘이 없다. 이는 자살을 시도하는 사람이 자살하기 위해 적극적이고 주도면밀하게 자살 시도를 하는 경우가 많지 않음을 의미한다. 그들은 대개 무기력하게 있다가 주변에서 우연히 자살을 시도할 여건이 마련되면 자살을 시도하는 경우가 많다. 주변에서 자살을 시도할 여건을 마련해 주는 일이 없어야겠지만, 자신의 생활이 자주 문제로 나타날 때 자살하려는 생각이 증가된다.

이는 학교와 직장이라는 사회 현장을 상징적으로 보여 준다. 이런 점에서는 자살이 단순히 개인의 문제가 아닌 사회 문제와 상당히 연관돼 있음을 알 수 있다. 청소년의 경우, 성적을 비관한 자살이 가장 많은 비중을 차지한다는 점에서도 이 같은 사실이 입증된다. 입시 위주의 학습 부담이 청소년들을 자살로 내몰고 있는 것이다.

초등학교 5학년 남학생이 같은 반 여자 친구와 인터넷 채팅을 하면서 자살을 예고한 뒤, 열흘이 지나 집에서 숨진 채로 발견됐다. 그 어린이의 일기장에는 "내가 왜 학교와 학원을 오가면서 어른보다 더 공부를 해야 하는지 이해할 수 없다."는 글이 쓰여 있었다.

그 어린이는 그날 자신의 방 베란다에서 숨진 채로 발견됐다. 당시 아파트에는 안으로 문이 잠겨 있었고, 아버지는 철야근무를 마치고 귀가하던 길이었다. 맞벌이를 하던 그의 어머니는 전날 밤 10시 퇴근해 문을 두드렸으나 문이 안으로 잠겨 있자, 옆집에서 잠을 잤다고 한다.

우리는 이 초등학생의 자살을 더 자세히 분석할 필요가 있다. 앞에서 자살한 초등학생의 10월 29일 일기장에는 이렇게 적혀 있었다. "답답한 세상, 답답한 인생, 난 죽고 싶을 때가 많았다. 답답한 세상과 꽉 막힌 인생 때문이다. 어른인 아빠는 이틀 동안 20시간 일하고 28시간 쉬신다. 어린이인 나는 8시 30분부터 6시까지 학교와 학원, 10시까지 공부, 27시간 30분 공부하고 20시간 30분 쉰다. 왜 어른보다 어린이가 자유시간이 적은지 이해할 수 없다. 내가 공부를 안 해서 시험을 못 봐서 혼날 때는 이해가 가지만, 공부를 했는데도 부모님들은 공부를 안 했으니 이런 상황이 나왔다고 끝까지 고집을 부린다. 내가 어른이면 최대한 이해를 할 것이다. 세상은 답답하다. 난 바다를 헤엄치는 물고기처럼 자유로워지고 싶다. 어린이가 왜 어른들의 개조를 당하면서 살아야 하는가."

초등학교 5학년의 일기 치고는 너무 어른스러워 놀라울 정도

다. 그러나 생각이 깊은 학생들은 이 정도 글을 쓸 수 있다. 어느 정도의 차이는 있겠지만, 입시 위주의 우리나라 상황이 잘 드러나고 있어서 더 씁쓸해진다. 신나게 뛰어 놀아야 할 어린이들이 일찍부터 입시로 내몰리고 있기 때문이다. 입시에 더 박차를 가해야 할 중고생들의 경우, 위험성은 이보다 더 높아진다. 성적이 떨어져 학교에서 문제를 일으키는 학생에게 관심을 가져야 할 이유가 여기에 있다.

정서적 교류와 관계의 단절

정서적 교류와 관계의 단절은 자살의 위험요인이다. 교류와 관계의 단절은 자살하려는 사람이 마음의 문을 닫은 것을 의미한다. 이런 정도면 이들은 "이 세상에 나를 이해할 사람은 아무도 없고, 세상은 살 만한 가치가 없다. 인생은 무의미하다." 등 부정적인 감정으로 채색된다.

교류와 관계 단절 상태에서는 누구의 도움도 거절한다. 이미 자신의 상태가 더 개선될 거라는 희망을 갖지 못한 채 절망하기 때문이다. 이 상태에서는 타인에게 자기 이야기를 하려고 하지 않으며, 타인에게 구하지도 않는다. 누군가 도와주겠다고 해도 부담감만 느끼고 도움받기를 거절한다. 그러면서 혼자만의 시간을 가지려 하고, 자살을 시도한다.

교류와 관계 단절에서 급격하게 심각한 외로움을 유발하는 상황에 있는 사람을 주의해야 한다. 예를 들어 미혼이나 독신, 별거와 이혼, 사별에 해당하는 사람들이다. 이들이 보이는 부정적 행동은 다른 사람들보다 더 위험할 수 있기 때문이다. 그러기에 이들이 다음의 행동을 보일 때 예사롭게 넘기지 말아야 한다.

직·간접으로 농담처럼 자살 의사를 비치는 것, 우울증이나 불안, 불면증으로 의사를 찾아가는 것, 평소에 소중히 여기던 물건을 주변 사람들에게 아낌없이 나눠 주는 것, 오랫동안 보지 못했던 친구나 친지를 찾거나 접촉하는 것, 특별히 자신이 입는 옷, 특히 속옷에 신경을 기울이는 것 등이다. 이런 특징은 모두 자살을 염두에 둔 행동일 수 있다.

이러한 사람들 중 특히 학생들의 공통점은 대개 모범생이고 성적도 비교적 상위권이라는 점이다. 다만 부모와 정서적 교류가 없다는 것이 특징으로 발견됐다. 이는 타인의 도움을 거절하면서 혼자 힘들어하는 사람을 주의 깊게 살펴봐야 하는 이유다.

자살·가장 불행한 선택

☞ 자살의 징조와 신호 ☜

자살의 위험 요인은 자살의 징조와 상당한 관련이 있다. 자살한 사람 10명 중 8명은 자살 의도를 미리 다른 사람에게 알린다는 보고가 있다. 자살의 징후는 그대로 자살의 단서 제공이 된다.

자살을 신호하는 방법은 "나는 자살할 것"이라고 직접적으로 말하거나 자살 방법을 공개하며, "당분간 만나지 못할 거야."처럼 간접적으로 신호하기도 한다. 직접적인 징후의 경우 "설마, 정말로 자살할 사람이 저렇게 말할 수 있겠어?"라고 생각하기 쉬우며, 간접 징후의 경우에는 그 말이나 행동이 자살을 의미하는지 몰랐다가 나중에야 알아차리게 된다. 이러한 자살의 징조와 신호는 다음 몇 가지로 구분하여 설명할 수 있다.

죽음과 관련된 말과 행동을 자주 한다

죽음과 관련된 말을 자주 하는 경우에는 조심해야 한다. 이런 현상은 이미 상당 부분 죽음에 가까워진 것이라 볼 수 있다. 심리적으로 매우 어두운 심연에 이르면 죽음에 대한 말이 자주 나오기 때문이다. 어두운 심연이란, 바로 마음의 지하실 가까이 있는 현상으로, 이 상태에서는 아무런 희망을 가질 수 없으므로 마음의 지하실에 접촉하면 '죽음'이 단 하나의 해결책이라 생각한다. 그만큼 자살하고자 하는 심리에 근접해 있음을 암시하는 신호다.

우리 마음에는 실제로 어두운 마음의 지하실이 있다. 이를 우리는 '무의식'이라 부른다. 이때 술에 심하게 취하면 더 깊은 지하실에 이르러 깜깜한 암흑에 도달한다. 여기서는 살고자 하는 의지가 없고 그저 죽고 싶은 생각만 가득해진다. 지나치게 술을 마셔 자살하는 사람들이 대개 그런 경우다.

이런 현상은 일상생활에서도 예외는 아니다. 깊은 고민이나 난관에 봉착하면 곧잘 여기에 도달한다. 이때는 의식·무의식적으로 죽음에 대한 생각과 말을 하게 된다. 여기에 가까운 사람들의 경우 낙서장이나 일기장에서, 그리고 친구에게 죽음에 대해 자주 언급하고, 먼저 세상을 떠난 친지나 친구에 관해 자주 말하며, 자살에 관한 책을 읽거나 글을 쓰고, 자살을 시도한 일이 있는 사람을 찾기도 한다. 이런 행동이 관찰되면 자살할 생각과 의지가 있는 것으로 보고, 심각하게 받아들여 적절한 조치를 취하여해야 한다.

미국의 한 연구에 의하면 자살자의 60%는 자살 동기나 계획을 직접적으로 누설하며 20%는 간접적으로 누설한다고 한다. 그러나 오스트리아 사람들은 약 30%만 직·간접적으로 누설했다고 한다. 우리나라의 경우도 구체적인 연구가 필요하지만 크게 다르지 않다고 보아야 한다. 더욱이 이전에 자살을 기도한 적이 있고 정신과 입원 치료를 받은 일이 있으면 자살 위험도는 더 높아진다.

어느 경우에나 자살 시도의 가능성이 높은 시기는 첫 자살 기도 후 3개월 이내다. 특히 가족들은 한 번의 시도에서 성공하지 못했다고 안심하지 말고, 그를 계속해서 세심하게 배려해야 한다.

소중한 물건을 타인에게 나눠 준다

자신이 소중히 아끼던 물건을 나눠 주는 일은 자살 징조로, 자기 주변을 정리하는 현상이다. 사람에게는 원초적으로 소유 본능이 있다. 그런데 이 소유 본능에서 철수하는 것은 이 세상의 삶을 멀리하거나 정리하고 싶은 생각이 있다는 의미로 해석할 수 있다.

불과 며칠 전 자살한 남고생이 그런 경우다. 그는 평소 아끼던 CD와 물건들을 친구들에게 모두 나누어 주었다. 그리고 다음 날 자살했다. 친구들은 이를 전혀 알지 못해 반갑게 물건을 받았지만, 그것이 그가 주고 간 마지막 선물이었음을 알았을 때 할 말을 잃었다. 그리고 오히려 이를 알아차리지 못한 죄책감에 시달려야만 했다.

물론 이런 행동도 성격에 따라서는 조금 다르게 나타날 수 있다. 성격이란 특정 상황에서 일정한 행동을 유발시키는 바탕이기 때문이다. 동일한 상황에서 전혀 다른 행동이 나타나기도 하고, 그동안 알고 지냈던 사람이 어느 정도 알아차릴 수 있는 행동으로 드러나게 만들기도 하는 내면의 심리적 세력이다.

자살하기 전 물건을 나눠 주는 행동도 일종의 성격이다. 특정한 상황에서 무언가 정리하려는 심리는 인간의 본능적인 차원일 수도 있다. 그러나 이런 경우에도 얼마든지 전혀 다른 행동이 나타날 수도 있다.

자살하기 전 물건을 나눠 주는 사람은 대개 내성적이고 소심한 사람이 많다. 그들은 평소 남달리 물건에 애착을 보이며, 그 물건에 마음을 두고 때로는 의지하고 정(情)을 쌓았던 것이다. 그러던 사람이 스스로 죽음을 선택한 후 소중하게 아끼던 물건을 나눠 주는 행동은 심리적으로 묶어 뒀던 것을 풀어 버리려는 행위로 볼 수 있다.

이런 사람들 중에는 단순히 우울증이나 비관적 태도 이상의 다른 성격적 특성이 관련되기도 한다. 이런 특성은 일정한 유형으로 구분되기도 하는데, 대개 타인의 비난에 과민하고 민감하게 반응하는 유형, 충동적이고 정서적으로 불안정하며 예측할 수 없는 유형, 타인에게 자신을 드러내지 않으며 조용해 접근이 어려운 유형, 높은 기준을 고집하는 완벽주의자로 실수를 두려워하며 자신에게 지나치게 엄격한 유형 등이 있다. 이런 유형에 따라 행동의 차이가 조금 있지만, 무언가 주변을 자꾸 정리하는 기미가 보이면 자살을 의심하고 관찰해야 할 것이다.

자살하겠다고 위협하는 행동을 한다

자살하겠다고 위협하는 행동은 위험하다. 물론 그렇게 위협하고서 자살하지 않고, 단순히 자신의 목적을 이루기 위한 수단으로서만 사용하는 경우도 있다. 이런 이유로 이를 정확하게 알아차리기란 그렇게 쉽지 않다.

자살 위협에서 중요한 것은 그동안 자주 취했던 행동인가 아니면 최근에 하는 위협인가, 그리고 특정 사건이 일어난 후에 하는 것인가를 알아차려야 한다. 자주 위협하는 경우라면 단순히 소기의 목적을 달성하려는 수단으로 볼 수 있다. 그러나 그렇게 하지 않던 사람이 위협하는 경우, 특정 사건 때문에 위협하는 경우라면 주의해야 한다. 자살 의지와 상당히 관련 있기 때문이다.

이 경우, 위협의 강도를 인식하는 지혜가 필요하다. 내면에 강력한 자살 의지가 있는 경우라면 그 강도가 전해지기 때문이다. 그러나 이와 반대로 매우 약하게 위협하지만 조심해야 하는 경우도 있다. 이미 자살할 결심이 섰다면 마음이 차분히 정리돼 있을 수 있기 때문이다.

대상이 청소년이라면 발달의 문제를 고려하는 것이 필요하다. 자살 시도나 자살에 성공한 청소년 중 상당수는 발달 과정에 문제를 갖고 있기 때문이다. 예를 들어 학습장애, 언어장애 등을 보이거나 매우 충동적이고 공격적인 행동을 보였던 아동이었을 가능성이 많다. 자살을 시도하는 상당수 청소년은 약물 남용이나 성격장애를 갖고 있는 편이다.

특히 반사회적 성격 또는 경계선 성격장애 청소년들이 반복적으로 자살을 시도한다. 이 때문에 공격성·충동성과 자살 행동은 밀접한 관련이 있는 것으로 본다. 이런 청소년들은 아직 전두엽이 완벽히 발달하지 않은 상태이기에 사고의 판단이 합리적이지 않은 편이다. 감정적으로 행동할 가능성이 높다는 의미다. 그러므로 청소년들은 더욱 주의 깊게 관찰해야 한다.

평소와는 달리 행동에 큰 변화가 있다

평소와는 다르게 행동에 큰 변화가 있다면 자살의 징조일 수 있다. 이런 변화는 일상생활을 거부하며 매우 다른 행동을 취하는 경우를 포함한다. 직장에 열심히 출근하던 사람이 갑자기 휴가를 낸다거나 결근하는 경우다. 다른 사람들과 잘 지내던 사람이 어느 날 도저히 그 사람과 사귈 수 없다는 식으로 실망하는 모습을 보이기도 한다. 학생의 경우, 학업 성적이 지속적으로 떨어지거나 낙제, 장기결석, 가출, 학교중퇴 등을 시도하는 경우다.

커다란 행동 변화는 마음에서 어떤 결정이 내려졌다는 신호다. 이런 행동 변화 중 가장 위험한 신호는 심리적으로 예전과 매우 달라진 모습을 보이는 경우다. 오랫동안 불안정하고 침울하던 사람이 뚜렷한 이유 없이 갑자기 평화롭게 보이는 경우를 예로 들 수 있다. 이미 마음에 어떤 결정이 내려졌다는 것을 의미한다.

걸핏하면 목소리를 높여 싸우려던 남편이 전혀 싸우려 들지 않거나 오히려 조용해지고, 가정 일에 신경 쓰지 않던 사람이 갑자기 신경을 기울이는 등의 행동을 보일 수 있다. 청소년의 경우라면, 부모로부터 심한 꾸중이나 심리적 거절에 대해 반항하던 학생이 전혀 반항하지 않고 매우 순종적인 모습을 보일 수 있다. 이런 현상은 모두 눈여겨봐야만 하는 행동들이다.

큰 행동 변화는 사실상 심리적인 변화가 있다는 뜻이다. 이미 마음속으로 큰 결심을 하면, 작은 일에는 그다지 신경을 기울이지 않거나 유연해진다. 우리 삶에서 죽음보다 더 큰 문제는 없다. 그러기에 죽음 앞에 초연해지는 사람이야말로 진정으로 용감한 사람이라 말한다. 그래서 상담 현장에서는 작은 고민을 해결하고 치료하는 수단으로 곧잘 "죽고 사는 문제 아니면 신경을 쓰지 말라."고 말하며 마음을 전환시킨다. 따라서 평소와 크게 다른 행동 변화는 쉽게 간과하지 말아야 할 요인임을 잊어서는 안 될 것이다.

심각한 절망에 빠진다

심각한 절망은 정신 에너지를 급격히 떨어뜨린다. 평소 일처리를 신중하고 지혜롭게 하던 사람도 심각한 절망에 빠지면 전혀 그답지 않게 일처리를 한다. 명쾌하게 판단하고 행동하던 사람도 매우 단순한 논리에 사로잡혀 행동하고 만다. 이를 두고 상담 현장에서는 심각한 절망에 빠지면 누구라도 '까만 벽'만 바라보게 된다고 말한다.

실제로 자살하는 사람들 중에는 그런 사람이 상당히 많다. 평소 다양한 방법으로 일처리를 잘하던 사람이 매우 단순하게 극단적인 선택을 하는 것이다. 때로 사회적으로 상당히 성공한 사람들이 그렇게 자살하는 경우를 경험한다. 우리는 그들이 도저히 믿기지 않을 정도의 판단을 내린 것을 보고 놀라게 된다. 성공의 길을 달려오느라 힘들었을 텐데 단순한 말 한마디에 목숨을 포기하거나, 그냥 지나쳐도 될 모욕을 견디지 못한 사례에 대해 의아스럽고 안타깝게 생각한다.

그러나 사실은 심각한 절망이 어떤 것인지 모를 때나 그런 말을 할 수 있다. 사람이 심각한 절망에 빠지면 전혀 앞이 보이지 않고, 희망이라고는 찾아보기 힘들어진다. 긍정적 측면은 보이지 않고 '까만 벽'만 보이는 상황에 직면한 것이다. 그런 이유로 어떤 일을 실패하고 심각하게 절망에 빠지면 자살 위험이 높아진다. 사업이 도산해 빚더미에 앉거나 생각지도 않은 실직에 내몰릴 때, 그리고 믿었던 사람에게 배신을 당해 엄청난 피해를 당했을 때 등이다.

이런 현상은 물론 다른 연령군에도 나타나지만, 특히 청소년기에 더욱 심하다. 청소년들의 경우 자살 당시 부모나 친척의 죽음, 동생의 출생, 가족의 병원 입원, 잦은 이사 등 스트레스가 높은 생활 사건이 많았다. 특히 가정불화와 잦은 싸움, 별거 및 이혼 등과 관련이 높으며, 가족 내에서 일어나는 아동학대와 가정폭력 등이 자살 행동과 밀접하게 관련돼 있다. 이런 현상들은 모두 청소년들에게 심각한 절망을 불러올 수 있기 때문이다.

스트레스 지수가 높다

스트레스가 많다는 것은 일이나 상황을 견뎌 낼 힘이 약하다는 뜻이다. 이는 일을 그르칠 위험이 그만큼 높음을 의미한다. 물론 어느 정도의 스트레스는 적응력을 높이는 효과가 있지만, 그것이 지속적이고 너무 강하면 거기에 압도되고 만다.

어떤 일을 실패하면 스트레스 수치가 높아진다. 청소년 자살의 사례를 분석해 보면 부모 간 불화, 부모와 청소년 자녀들 간의 불화, 부모 상실이나 이혼, 진학 실패 및 성적 부진, 친한 친구로부터의 거절, 성관계 후 임신, 이성 친구에 의한 실연 등의 생활 사건이 많은 청소년을 자살로 이끈다.

우리나라에서는 특히 성적이나 입시 실패와 관련해 청소년 자살이 많이 일어나고 있다. 사춘기 이전의 아동에서는 특히 부모의 꾸중이나 정서적 거절, 버림받았을 경우, 자살 충동이 증가한다. 또한 학교폭력이나 왕따에 시달리는 학생은 극심한 스트레스를 피하기 위해 자살을 택할 수 있다.

그러나 청소년의 스트레스에서는 특이할 만한 점이 있다. 성적 비관보다는 가정 내 문제로 인한 스트레스가 더 많다는 것이다. 성적이 떨어질 때도 성적 불량 자체보다는 성적 때문에 일어나는 부모와의 갈등이나 심리적 버림, 무력감 때문에 자살한다고 볼 수 있다. 또 외형적으로 성적 비관, 입시 걱정으로 자살했다고 보고되지만 기저에 깔려 있는 정신 역동적 측면과 정신과 진단을 보면, 상당수는 이미 우울증에 걸려 있거나 정신분열증 초기 또는 가정의 정서적 지지 상실 등을 심하게 경험한 청소년임을 알 수 있다.

비단 청소년뿐만 아니라 성인의 경우도 마찬가지다. 심한 빚

독촉에 시달리다 자살한 사람의 경우는 더 말할 필요도 없다. 이 경우 세상이 깜깜한 암흑으로 보이고, 그저 괴로운 세상을 벗어나고자 하는 생각뿐이다. 우리는 세간을 떠들썩하게 했던 유명 연예인들의 자살에서 이를 잘 경험했다. 신앙을 가진 사람들이 어떻게 그런 극단적인 선택을 했을까 하는 것들도 알고 보면 극심한 스트레스와 무관하지 않다.

스트레스가 아무리 높다 해도 감당할 만큼의 에너지를 갖고 있다면 아무런 문제가 되지 않는다. 그러나 이미 고갈된 에너지에 스트레스까지 산더미처럼 짓누르고 있다면 누구도 감당하기란 쉽지 않다. 그래서 심리학에서는 이 정도의 상태를 병리적 상태로 규정한다. 감당하기 어려운 심리적 질병 상태이기에 자살이라는 극단적인 선택을 하고 만다는 것이다.

☙ 자살하기 쉬운 유형 ❧

자살하기 쉬운 사람들은 자살 위험이 높은 단계에 이른 사람들이다. 이런 사람들에게는 누군가의 도움이 필요하다. 이들은 그 순간만 모면해 낸다면 자살을 피할 수 있다. 따라서 이런 사람들에게 특별한 관심을 갖는다면, 자살을 어느 정도 예방할 수 있을 것이다.

절망에 빠진 사람

절망에 빠진 사람들은 자살할 위험이 높다. 이들은 현실에서 부딫히는 어려움의 해결 수단으로 자살의 유혹을 가장 많이 받는다. 절망은 개인의 힘을 극도로 약화시킨다. 평소 정상적이라 해도 절망의 수렁에 빠지면 판단력이 흐려지거나 갑자기 앞이 캄캄해지기 마련이다.

이런 현상은 사회적으로 상당히 성공했다고 인정받는 사람들이 갑자기 자살하는 행동에서 입증된다. 성공을 위해 그렇게 열심히 살아온 이들이 어느 순간 절망하고 극단적인 죽음을 선택한 것이다. 이런 점에서는 인간의 보편적 심리를 이해할 수 있다. 인간이란 어느 정도 희망이 있을 때는 고통스러운 상황도 극복할 수 있지만, 희망을 잃어버리면 속절없이 무너질 수 있다는 것이다.

절망에 빠진 사람들은 대개 사회적인 상황과 관련된다. 사회적 상황이란 대개 생존의 문제와 직결되며, 삶의 기반이 흔들릴 때 심각하게 좌절할 수 있기 때문이다. 부도가 났거나 실직한 경우, 성공을 향해 달려가다 추락한 경우, 갑자기 사고를 만난 경우, 희귀병에 시달리는 경우 등이다.

여기에는 무엇보다 경제적 측면이 매우 중요하게 작용한다. 아무리 노력해도 현 상황을 더 이상 개선할 여지가 없을 때는 매우 부정적인 심리 상태가 되기 쉽다. 이런 부정적 심리 상태에서는 더 이상 더 나아진다는 희망이 없어져 출구의 하나로 자살을 선택할 수 있다. 이는 불황의 장기화와 양극화, 실업률 증가, 물가불안 등으로 사회적 분위기가 침체되면서 자살이 증가하는 사회적 현상이다. 이는 개인 차원에서만 볼 수 없기에 사회 병리현상과 관련시키기도 한다. 그런 점에서 사회 중심축이 되는 정치 · 경제 등이 위기나 혼란에 있을 때 자살 경향성이 높아진다고 볼 수 있다.

절망하는 개인은 통제를 벗어난 감정들로 서로 조정되지 못하기 때문에 충족돼야 할 다른 감정들과 어우러지거나 연합하지 못한다. 이런 감정들은 가장 고통스러운 갈등의 원인으로 작용해 갈등이 대개 환멸과 실망의 길로 인도된다. 이때는 판단력을 잃어버리고 극단적인 선택을 할 수 있다. 어찌할 수 없는 좌절 상황에서 갈피를 잡지 못하면 그 출구의 하나로 자살을 선택하는 것이다.

사회적 상황에 의해 자극되어 일어나는 분노는 개인의 판단력을 흐려 놓는다. 갑작스럽게 분노해 불을 지르는 방화 사건이나 운전 중에 화가 나서 가족을 태운 채 물 속으로 뛰어드는 사건은 모두 이것과 관련이 있다. 개인의 분노는 쌓아두면 둘수록 위험을 증가시키기 때문이다.

사회 지지기반이 약화된 사람

사회 지지기반은 개인이 삶을 살아 나가는 기초다. 자신을 떠받치고 위험에서도 새로운 힘을 갖고 다시 일어날 수 있는 바탕이다. 그러므로 지지기반이 든든한 사람과 약한 사람의 차이는 그 현상을 넘어 심리적으로도 큰 차이를 보인다.

지지기반이 든든한 사람은 어떤 위험에 노출되어도 해결하거나 개선하려는 비교적 안정된 심리를 갖지만, 약한 사람은 실수나 실패를 하면 큰 위험에 빠지거나 지금까지 쌓아 온 공력이 붕괴될 수 있다는 초조함이 그들을 짓누른다. 이는 지지기반의 여부가 그만큼 삶의 바탕이 되고 있음을 의미한다.

지지기반에는 일반적인 것과 특수한 것이 있다. 일반적인 것으로는 가족, 이성(異性), 친구, 직장의 4분야가 있다. 이 네 가지를 사회학에서는 동반자적 개념으로, 각각 가족적 동반자, 낭만적 동반자, 사교적 동반자, 직업적 동반자로 부른다. 이는 개인이 사는 데 가장 중요한 버팀목이자 바탕이다.

가족은 삶의 베이스캠프로서, 1차적으로 중요한 삶의 바탕이다. 정상을 향해 등정하는 등산가에게 베이스캠프의 중요성을 더 설명할 필요가 없듯 가족이나 가정은 그만큼 중요하다. 그런데 가정이 깨졌거나 부모가 없는 경우, 심리적인 허약함을 견디며 사회의 마파람을 스스로 감수하는 어려움에 직면해야 한다.

낭만적 동반자는 사랑하는 이성(異性)을 필요로 한다는 것이다. 남자는 여자를, 여자는 남자를 사랑하면서 살아간다. 이성의 힘이 가장 강력한 에너지이기 때문이다. 아무리 힘들어도 사랑하는 사람이 옆에서 이해해 주고 응원한다면 그다지 힘들지 않을 수 있다. 반면 사랑하는 사람을 잃었을 때에는 더 이상 힘을 갖지 못하고 낙오하거나 실패할 수 있다. 자살하는 경우는 이를 시사한다.

특수한 것으로는 사회적으로 힘이 되는 배경을 확보한 경우다. 주변에 큰 힘이 되는 가족이나 친척 또는 지인, 재정적이나 권력 등으로 든든한 기초를 이룬 사람 등이다. 이른바 사회적 배경(background)이 힘으로 작용하는 경우다. 사회적 지지기반이 허약하거나 잃어버려서 삶의 기초가 흔들리는 사람들이 많이 있다. 그들은 자칫하면 삶을 포기할 수 있어 자살 위험이 높다. 특히나 사회적 양극화가 심화된 현 상황에서 정부는 약자를 돌보는 복지

정책을 재검토할 필요성이 있다.

자살 클럽이나 사이트를 찾는 사람

자살클럽이나 사이트를 찾는 사람들은 그만큼 자살 위험에 노출되어 있다. 자살 모임은 19세기 말에서 20세기 초, 유럽에서 시작된 것으로 알려진다. 역사가 프로스퍼 루카스(Prosper Lucas)는 이러한 자살 모임이 런던·빈·베를린 등지에 있었다고 주장하며, 다른 자료에 의하면 파리와 브뤼셀에도 존재했다고 한다. 발견되는 즉시 경찰이 그 모임들을 폐쇄시켰지만, 음지에서 피는 꽃과 같이 비밀리에 계속 생겨났다.

물론 이런 모임은 현대의 산물만은 아니다. 고대에 이미 안토니우스와 클레오파트라가 '죽음도 떼어 놓지 못하는 사람들의 모임'이라는 클럽을 만든 적이 있다. 죽고 싶을 때, 평온하게 함께 죽는 것을 목적으로 하는 사람들을 위한 모임이었다. 그 후 수세기 동안 사라졌다가 1802년, 파리에서 다시 나타났다. 12명의 회원이 있었고, 규약에 따라 자살할 사람을 게임으로 결정했다가 다음부터는 투표에 의해 그 해에 자살할 사람을 결정했다고 한다.

이는 우리나라에서 '자살 사이트'로 변형 수용됐다. 물론 사이트도 이미 유럽 등지에서 발전해서 우리나라에 들어왔다. 이런 사이트에 의해 이미 상당한 동반자살이 일어났다. 특히 동반자살은 우리 사회에서 쉼 없이 일어나는 자살 가운데서도 언론에서 상당한 관심을 보였다.

우리나라의 경우, 상대적 박탈감과 비교되는 상황에서 갑자기 힘을 잃어 극단적인 죽음을 선택하는 현상으로 동반자살이 나타났다. 개인은 상대적 박탈감이 작용해 무력감을 경험하면 자살로 유도될 수 있다. 이런 현상은 개인이 자살을 포함해 광범위하게 파괴적인 행동을 저지르기 쉬운 이유를 설명한다.

개인은 어느 정도 희망을 갖고 살 때, 힘든 역경도 이겨 낼 수 있다. 오늘의 고생을 견디면 내일은 더 나아지리라는 생각을 가지면 고생이라고 생각되지 않는다. 이런 경우, 고생은 오히려 희망의 조건이 된다. 그런 이유로 개인을 힘들게 만드는 고생이란 대개 희망이 좌절된 경우다. 상대적 박탈감이 증가하고 있는 상황에서 심리적으로도 어려움에 처하게 되는 것이다.

상대적 박탈감은 겉으로 드러난 현상과는 달리 내부적으로는 분노와 공격성과 맞물려 있다. 사회적 상황이 개인의 상황과 반드시 일치하지는 않지만, 이런 경우 개인의 악화된 상황을 사회적인 것으로 돌리게 된다. 이런 상황에서 개인은 분노하고, 그 분노는 다시 공격적으로 행동하게 만든다. 이때 개인은 자신이 다른 사람을 전에 공격했든 안 했든, 분노하면 언제나 자신을 공격한다. 익숙한 습관들이 반복되면 개인은 심한 흥분 상태에 빠지며, 불가피하게 파괴적 행동으로 위안을 삼는다.

사회 양극화가 심화되고 있는 지금과 같은 상황에서 상대적 박탈감은 증가할 수 있다. 이는 동반자살의 위험이 있음을 의미한다. 개인의 분노를 자극하면 이 분노가 다시 부정성으로 일어나는 일종의 폭발 현상이다. 이런 현상은 일시적으로 일어나지만 실제로 부정적인 감정이 오랫동안 쌓이거나 축적된 결과다. 다시 말하면 부정성이 갑자기 일시적으로 일어나는 것이 아니라 오랜 시간을 두고 서서히 쌓이게 된 결과로 자신조차 걷잡을 수 없는 상태로 돌변하는 것이다.

인기를 얻는 직업에 종사하는 사람

인기를 얻는 직업에 종사하는 사람들도 자살하기 쉽다. 인기의 상승과 하강이 심리적 상황을 급격히 돌변하게 만들기 때문이다. 이들의 자살은 20세기 후반 이후 급격히 늘고 있다. 인기를 얻는 직업은 인기만으로 삶의 질을 변화시키고 삶의 의미를 충족시켜 주는 효과가 크기 때문이다. 실제로 인기는 많은 사람들에게 부러움을 사고 영광과 부를 누리는 원천이다.

우리나라에서도 이런 현상은 다르지 않다. 그동안 사람들에게 전혀 알려지지 않은 무명의 가수라도 그가 부르는 노래가 히트하는 순간, 갑자기 스타가 된다. 그들의 인기는 그대로 수입으로 이어져 존재 가치가 예전과 사뭇 달라진다. 출연한 영화가 히트하면서 유명세를 얻는 경우나 유명한 스포츠인이 되는 것도 마찬가지다.

인기인들은 극과 극을 달린다. 인기가 상승할 때는 대단히 분주한 가운데 즐거운 비명을 지를 정도로 삶이 행복하지만, 반대의 경우 지독한 상실감에 빠지기 쉽다. 이런 현상은 그들이 자살하려는 생각에 물들기 쉬운 위치에 있음을 입증한다. 우리 사회에서 일어났던 유명 연예인들의 자살은 이를 극명히 보여 준다.

스타의 자살에 대해 롤랑 바르트(Rollang Barth)는 1970년 '불안을 야기하는 초인간적인 일'로 연구했다. 이 연구에 의하면, 할리우드에서는 12년 동안 2만 명의 단역배우 중 단 12명만이 스타가 될 수 있다는 사실이 밝혀졌다.

스타의 세계는 좀 더 찬란하게, 좀 더 높이 올라가는 것이 목표이므로 이를 달성할 수 없을 때의 상처는 다른 일보다 더 가혹하다. 또 절정에 오른 인기의 자리를 잘 지켜 내지 못하면, 하루아침에 추락하기도 한다. 인기가 떨어지면 만회하기 어려운 것도 문제다. 배우들 중에는 마땅한 배역을 찾지 못해 불만족스런 상태로 몇 년을 보내다 결국 두 번 다시 출연하지 못하는 경우도 있다고 한다.

집안에 자살한 사람이 있는 사람

집안에 자살한 사람이 있는 가정은 그렇지 않은 가정에 비해 자살 가능성이 더 높다. 그러나 자살에 유전성이 있는지 하는 물음에는 명쾌하게 답변하기 곤란하다. 학문에서는 자살의 유전성을 그다지 인정하지 않지만, 특성 측면에서는 어느 정도 유전적 측면이 있음을 인정하기도 한다.

예를 들어, 유전적으로 우울증 등의 정신병이 가계 여러 세대에 걸쳐 나타나는 경우다. 양쪽 부모 모두 자신들의 정신적 특징을 자녀에게 물려주는 경향이 있기 때문인데, 이들은 실제로 죽음의 성향이 한 세대에서 다음 세대로 이어질 가능성이 있다고 본다. 자살뿐 아니라 다른 일에 있어서도 가계 내 전력만큼 많은 영향을 끼치는 것은 없다고 알려져 있다.

가계 내 영향은 집안에 자살한 사람이 두 명 이상 나온 경우가 이에 가깝다. 루돌프 공은 조상 중에 자살한 사람이 많았다. 스타비스키, 헤밍웨이, 마야코프스키, 파베스, 베르밍감, 쁘레보 파라돌 등 유명한 자살자들 역시 아버지가 자살했다는 공통점이 있음은 널리 알려져 있다. 아쉐르와 데아누스 두 박사는 연구에서 여러 명의 아이들이 있는 가정에서 자살하는 것은 40%가 맏이라는 결론을 내렸다.

가족 전부가 차례차례 자살한 경우도 드물지 않게 일어난다. 팔레이 박사는 아버지와 7명의 아이들이 있는 가정의 경우를 예로 든다. 이 가정은 7명의 자녀들 중 5명이 아들, 2명이 딸이었다. 이들 중 장남은 40살에 투신으로, 차남은 35세에 사랑 때문에 고민하다가, 3남은 투신, 4남은 권총으로 자살했다. 그리고 2명의 딸도 강에 투신자살했다. 이런 경우는 자살이 많은 집안에서 일어날 수 있음을 시사한다. 폭력이 심한 집안에서 자란 자녀들이 쉽게 폭력을 행사하는 것을 보면, 반드시 유전이 아니라도 무의식적으로 답습되어 행동하는 것으로도 볼 수 있다.

가계의 문제를 생각하면 결혼도 자살에 영향을 미칠 수 있다. 배우자가 죽은 사람은 이혼한 사람보다 자살자가 많고, 이혼한 사람은 독신자보다 자살자가 많다. 이는 사람이 혼자 사는 것보다 함께 사는 것이 중요함을 시사한다. 결혼이 자살 행위에 대한 방어물이 되고 있는 것이다. 유럽에서 이혼이나 별거가 증가 또는 감소하면서 자살도 증가 또는 감소하는 양상을 보이는 것은 이와 무관하지 않다.

집안에 이미 자살한 사람이 있는 경우, 위험성을 인식하고 일정한 훈련을 받게 하는 것이 바람직하다. 물론 드러내기는 쉽지 않지만, 다른 자살 강의를 통해서라도 이들이 교육을 받게 만들어 신앙적인 차원을 강화시키는 것이 필요하다.

부담을 많이 가진 청소년

요즘 15~24세 사이 청소년들의 자살이 급증하고 있다. 청소년 시기는 이성적 판단을 할 수 있는 전두엽이 덜 발달되어 충동성이 강하며, 덮어 놓고 행동으로 옮기는 경향이 있다.

프랑스의 한 조사에 따르면, 청소년 자살은 해를 거듭하면서 증가하고 있다. 1980년부터 1985년 사이에 총 20%, 즉 매년 3.8%씩 증가했다. 눈이 많이 내려 추운 캐나다의 퀘백 주에서는 1961년에서 1981년까지 20년간 8배 이상이나 증가했다. 현재 프랑스에서는 15~25세 사이 청소년이 해마다 1천 명 정도 스스로 목숨을 끊고 있다. 이 수치가 통계에 잡힌 수치임을 감안하면, 자살자는 훨씬 더 많을 것이다. 게다가 청소년들의 자살은 자살 미수도 함께 생각해야 한다. 그들은 그만큼 자살할 가능성이 높기 때문이다.

청소년 자살자들에게 부모의 결손은 결정적인 영향을 미친다. 청소년 자살자의 42%가 결손가정에서 성장했다. 일반적으로 아버지가 없는 딸과 어머니가 없는 아들이 자살을 기도하는 경우가 많았다. 자신과 다른 성이 가족 중에 없는 것이 자살에 상당한 영향을 주고 있는데, 심리적인 힘을 받지 못하는 데서 그 원인을 찾을 수 있다. 이들 중 1번 자살을 시도한 청소년의 30%가 실패하면 재시도하고, 25%는 여러 차례 되풀이한다.

　1944년 미국에서 실시한 조사에서 자살하려는 청소년의 요인이 발표됐다. 이들 중 36%는 사춘기 고민, 35%가 마약, 31%는 주위의 압력, 28%는 가족 불화를 들고 있다. 1984년 캐나다에서 실시했던 조사에 의하면 중학생 5명 중 1명이 이전부터 진지하게 자살을 생각했고, 8명 중 1명은 최근 2개월 동안 자살을 시도한 적이 있다고 했다. 이 중 70% 이상의 학생들은 자살하기 위해 세부적인 계획을 세워 놓은 적이 있었고, 30%는 최근 2년간 실제로 자살을 계획했다.

　우리나라에서 청소년의 자살은 청소년 전체 사망률의 1위에 해당한다. 우리나라 청소년들의 자살 요인으로는 정신 장애의 증가와 공부 스트레스가 주로 차지한다. 특히 공부 부담은 다른 무엇보다 이들을 짓누르는 요인이다. 일류 대학에 가기 위한 치열한 학업과 입시 경쟁은 이들을 2중, 3중의 고통으로 몰아넣는다. 이들의 학업 부담은 성적에 따라 장래가 결정되는 데 있다. 입시를 실패한 학생이 인생이 실패했다며 자살하거나 수능 시험을 전후로 자살이 늘어나는 현상은 학업이 그만큼 심리적 부담과 고통을 가하고 있다는 원인임을 알 수 있다.

　이런 우리 상황은 청소년들에게 학업 부담을 덜어 줌은 물론, 심리적으로 그들의 존재를 인정하고 공부 외에 다른 특기나 취미 활동을 병행할 수 있도록 허용해 주어야 한다. 그러나 이는 하나의 이상일 뿐, 교육이 특성화되고 다양하게 자신의 재능을 발휘하는 사회가 되기를 바라는 수밖에 없다.

☙ 자살이 임박한 사람들 ❧

자살 예방은 자살하려는 사람의 신호를 잘 알아차리는 것이다. 자살하려는 사람은 일정한 신호를 보내고, 그 신호 후에는 실제 행동으로 시도하기 때문이다. 이는 보이지 않는 어떤 힘이 이들을 압도해 어두운 곳으로 밀어내는 작용이 있음을 가정한다. 이런 상황은 이들을 악화시키고 나락으로 떨어지게 만든다. 이를 '어두운 심연'이라 부를 수 있다.

이때 주변 사람들의 도움이 필요하다. 스스로 헤어날 수 있는 힘을 잃어버린 어두운 심연의 함정에 있는 경우, 주변 사람들의 도움이 그만큼 절대적이기 때문이다. 그리고 이런 상태의 사람들에게는 여러 말이 필요 없고, 그저 작은 손길이라도 내밀어 잡아끌어주는 행동만이 필요하다. 그렇다면 자살이 임박한 사람들은 어떤 신호를 보낼까? 그들의 신호에 귀 기울여 보자.

가족이나 친구 중에 자살을 한 사람

가족이나 친구가 자살한 경우, 자살 위험은 그만큼 높아진다. 일종의 전염성이 있기 때문이다. 특히 부모나 다른 가족 구성원이 자살을 시도했거나 가까운 친구가 자살에 성공한 경우, 그 영향이 크게 작용하기 쉽다. 가까운 사람의 자살은 평소에 자살하려는 생각만 하던 사람에게 자살 관념을 증가시켜 에너지를 갖게 만든다.

이런 전염성은 모방 자살에서 알 수 있다. 실제로 유명 연예인들의 자살이 다른 사람들에게도 공감을 불러일으켜 모방 자살로 이어지기도 했다. 유명 연예인들의 자살이 신문이나 텔레비전에 보도된 뒤에 자살 사례가 연달아 생긴다든가, 집단 동반 자살의 참극이 벌어지는 이유가 여기에 있다.

가족이나 친구가 자살한 경우에는 특히 기후를 조심할 필요가 있다. 기후는 사람의 행동에 가장 직접적인 자극을 가해 자살로 유도하는 경향이 있기 때문이다. 자살학자인 에밀 뒤르켐은 1년을 더운 시기와 추운 시기의 두 기간으로 나눌 경우, 어느 나라에서나 예외 없이 자살은 대부분 더운 시기에 일어난다는 사실을 최초로 지적했다. 이는『의학 심리학』이라는 잡지가 증명한 결과와 일치한다.

프랑스의 플로레와 듀그라 박사는 마르세이유에서는 기온이 22도를 넘으면 자살이 증가한다고 지적했다. 카바느 박사는 특히 건조했던 여름이 지나고 비가 많이 내리는 가을이 자살에 적당하다고 주장했다. 이런 문제는 지역에 따라 차이가 있지만, 기후가 가장 온화한 때 사람들은 세상을 떠나기 쉬움을 의미한다. 이런 점에서는 너무 춥거나 더운 극단적인 날씨가 사람들을 자살로 내몬다고 볼 수도 있다.

우리나라의 경우 이런 기후의 영향을 자살 경향과 관련해 연구한 바는 드러나지 않지만, 대개 감정이 가라앉기 쉬운 때를 조심해야 한다. 개인의 마음이 가라앉기 쉬운 때에는 우울 성향이 높기 때문이다. 햇볕과 가까이 살아가는 우리의 경우, 우울해지기 쉬운 날들을 견디기 어렵다.

정신장애를 앓고 있는 사람

정신장애를 앓고 있는 사람은 자살할 위험을 언제나 갖고 있다. 자살 시도자와 자살자들은 정신장애를 가지고 있는 것으로 분석되는데, 그중 가장 흔한 것이 주요 우울증, 양극성 장애, 약물남용, 품행장애 등이다. 청소년기에는 특히 충동성이 문제가 되는데 비행, 적대적 반항장애, 약물남용 등의 행동문제를 가진 청소년이 충동적으로 자살을 시도하며 이러한 시도가 실제로 자살로이어지기도 한다.

샤퍼(Schaffer)는 실행이 매우 어려웠던 자살 청소년 173명에 대한 심리부검을 실시한 결과, 자살 시도력, 주요 우울장애, 약물남용이 가장 흔한 자살의 위험 요인임을 보고했다. 이 점은 다른 연구에서도 발견된다.

자살 시도자의 정서와 행동을 보면 우울증에 빠진 사람, 희망을 잃은 사람, 외로운 사람, 독신자, 알코올 중독 혹은 남용, 정신질환자, 정신질환에서 회복되는 사람 등이 있다. 외부적 계기로서는 친구, 가족, 우상적인 사람의 자살이나 죽음, 명예훼손, 심각한 질병 등이 있다. 스트레스와 관련해서는 직장에서의 사고나 압력, 실직, 이혼과 같은 가정 스트레스 등이 해당한다. 자살 시도 경력에서는 아무래도 자살을 기도한 적이 있는 사람이 가장 높으며, 사회적 조건에서는 정서적 지지 세력이 없거나 중요한 사람으로부터의 거부·거절 등이 우위를 점유한다.

정신장애를 앓는 사람이 더 자살 위험을 보이는 것은 절망감을 깊이 느낀다는 이유 때문이다. 이들은 중간중간 정신이 들었을 때 깊은 절망을 느낀다. 실제 임상 경험을 보면, 우울증 환자들의 경우 약물치료를 받고 병이 호전됐을 때 자살 시도가 많은 편이다. 우울증이 극심하면 죽을힘조차 없기 때문이라는 임상 결과다. 그러므로 정신장애를 앓고 있는 사람에게 더 많은 주의를 기울여야 한다.

자존감이 현저하게 낮아진 사람

자존감이 현저하게 낮아진 사람도 위험하다. 자존감이 낮아지는 현상은 삶의 확신과 관련된다. 살아야 할 이유를 깨닫지 못하는 것이다. 삶의 확신에 문제가 일어나면 일차적으로 개인의 생활력이 문제된다. 생활력을 위해 더 이상 아무것도 할 수 없고 그래서 소망이 끊겼다면, 삶에 대한 확신이 더 약화된다.

이러한 자존감 약화는 대개 적응 문제로 나타난다. 특히 청소년기에는 이런 현상이 더욱 두드러진다. 충분한 사회적 지지기반과 환경적으로 안정되지 못하거나 부모와 친척 간 관계에 문제가 있을 때, 가까운 곳에 자기를 이해해 줄 만한 사람이 없을 때는 문제가 생겨도 도움을 청할 사람이 없어 무기력하고 희망이 없어진다. 이런 경우 충동적 혹은 절망적으로 자살행동을 시도할 수 있다.

무단으로 가출하거나 잠적하는 사람

무단가출이나 잠적도 자살 임박을 알리는 신호다. 이들은 실제 행동으로 옮기는 연습을 하는 것이다. 자신이 없어지는 상황을 미리 느껴 보고, 세상을 떠나는 경우 어떤 상태가 될 것인가를 경험해 보려 한다. 자신이 죽을 장소를 찾아 점검하고 그곳을 자주 간다. 이런 경우, 장소를 확정하고 적절한 때를 기다리는 모습일 수 있다.

자살 시도자들은 집을 나가거나 잠적하면서 자신은 이렇게 언젠가 사라질 것이라는 등의 암시적인 말을 할 경우가 있다. 하루 이틀 집을 떠나 보고 자신만의 여행을 갈 수도 있다. 그런가 하면 마음 맞는 사람을 찾아 여행을 떠난다. 이런 행동을 하다가 동반 자살을 시도하는 경우가 있었다는 사실이 이를 입증한다.

물론 자살 의도 없이 무단가출하거나 잠적하는 경우도 있다. 자신이 바라는 소기의 목적을 이루기 위해 잠적하는 것이다. 이런 사람들은 죽을 것이라는 암시를 하면서 실제로는 이런 자신을 말려 주기를 바란다. 이와 달리 진정으로 자살하려는 사람의 경우에는 예비적인 행동을 보인다. 이런 차이를 구분해야 한다. 죽으려 하지 않는 것으로 오판하는 경우에 실제로 자살이 일어나면, 심한 죄책감에 시달리게 되기 때문이다.

자살을 생각한 무단가출은 단순한 가출이 아니기 때문에 스스로 뭔가를 준비하는 행동이 보일 수 있다. 몰래 약을 사 모으거나 위험한 물건을 감추는 것이 발견되기도 하고, 항정신성 약물, 담배, 알코올 섭취가 증가하기도 한다. 이런 행동을 하면서 가족이나 친지가 자신의 마음을 알아주기를 기대하거나 요구가 관철되기를 바란다. 이런 행동을 해도 도저히 상황이 반전되지 않는다고 판단되면 부정적인 결론을 내리고 자살을 결심한다.

자주 유언을 말하는 사람

자주 유언을 말하는 사람은 자살이 임박했다고 보아야 한다. 유언은 세상을 떠나며 마지막으로 남기는 말이다. 유언은 죽음을 생각하면서 하는 것이기 때문에, 평소에도 자주 말한다면 주의를 기울여야 한다.

물론 정식으로 유언장을 쓰는 행동을 하는 경우는 다르다. 이런 사람은 오히려 삶에 대한 애착이 강하기에 자살하려 들지 않는다. 다만 글로 쓰려 하지 않고 말로만 하는 경우, 무의식적으로 일종의 암시를 보이는 행동이므로 자살 위험이 있다.

그리고 이런 유언이 건설적인지 아니면 절망에 빠진 사람의 최후 감정인지를 알아보는 것도 자살 여부를 판단하는 데 중요한 기준이다. 건설적이고 합리적으로 유언을 하는 경우는 문제의 소지를 없애기 위한 차원이지만, 절망에 빠져 하소연하듯 하는 경우는 자살 관념에 지배되는 것으로 볼 수 있다.

자살적 유언에는 미련과 바람이 들어 있는 것이 특징이다. 자살 시도자의 미완적 삶에 대한 아쉬움을 표출하기 때문이다. 여기에는 가지각색의 기묘한 방법으로 관심 끌려는 메시지를 남긴 사람, 사람들의 기억 속에 남고 싶다는 바람, 자신이 지구에 존재했던 흔적을 남기고 싶다는 바람, 다른 사람에게 죄책감을 느끼게 하려는 의도로 쓴 사람, 진정으로 죽고 싶지 않다는 생각을 쓴 사람 등이 있다.

이런 유언과 관련, 게리 교수는 『프랑스의 윤리 통계』라는 책에서 자살자들의 최후 메시지를 빈도수로 나열해 놓았다. 자살자의 유언을 빈도수에 따른 순서로 나열하면 다음과 같다. 사람들과 인생에 대한 불만, 부모와 사랑하는 사람에 대한 작별의 말, 장례에 대한 지시, 신의 자비에 대한 믿음, 내세에 대한 신앙, 사랑하는 사람과 이별하는 것에 대한 유감, 속죄하고 싶다는 생각, 자신을 그리워해 주기를 바라는 마음, 자신을 자살하게 만든 그간의 괴로움에 대한 것, 자살을 알리지 말았으면 하는 바람, 정신적 고민, 자식에게 자기가 죽은 방법을 가르쳐주고 싶지 않다는 바람, 유품(초상 사진, 반지)을 모두 묻어 주었으면 좋겠다는 희망, 용기를 잃을지도 모른다는 두려움, 머리카락을 한 움큼 남기고 싶다는 바람, 시체 검안소에서 웃음거리가 될 것에 대한 두려움, 성직자에 대한 모멸, 자신의 미래에 대한 불안 등이다.

이런 유언은 모두 인간이 세상을 떠나면서 남기는 말이지만, 가장 깊은 속에 담고 있는 말들이다. 이와 달리 자살의 고통을 자세하게 기록한 사람도 있고, 죽을 시간을 기록해 두고 죽기까지의 과정을 냉정하게 쓴 자살자도 있다.

죽으려는 의도가 강력한 사람을 누가 말릴 수 있겠는가? 설사 알아낸다 해도 방어하기란 쉽지 않다. 다만 죽고 싶지 않은데 어쩔 수 없이 죽음을 선택해야 하는 사람들을 도와주는 차원에서 노력해야 한다. 실제로 자살은 어느 정도 자기합리화를 이룬 데서 비롯된 결과다. 자기 나름대로는 어떤 결론에 도달하고 나서 행동에 나서기 때문이다.

이런 이유로 자살자들은 묘비에 이런 아랍 속담을 즐겨 사용한다. "어떤 사람에게는 서 있는 것보다 앉아 있는 것이 낫고, 앉

자살, 가장 불행한 선택

아 있는 것보다는 눕는 것이 낫다. 또 어떤 사람에게는 사는 것보다 죽는 것이 낫다." 죽음을 선택하는 사람은 사는 것보다 차라리 죽는 것이 낫다는 생각을 강하게 해서 마음이 편해진 상태라는 것이다.

이런 것을 생각하면 우리의 자살예방을 위한 노력이 별로 도움이 안 될지 모른다는 생각도 든다. 그러나 죽지 말아야 할 사람을 그 한순간만 넘길 수 있게 돕는다면 가족을 위해, 아니 세상을 위해 중요한 일을 하는 사람이 될지 모른다는 점에서 예방을 위해 더 노력할 필요성이 있다.

THEMA 06

자살 위험자의 구체적 단서

언어적 단서

▶ 직접적 암시

"나는 죽고 싶다."

"나는 더 이상 지탱할 수 없어."

"더 이상 사는 것이 의미가 없어."

"나는 죽어 좋은 곳에서 다시 태어날 거야."

▶ 간접적 암시

"내가 없어지는 것이 훨씬 나아."

"나는 아무짝에도 쓸모가 없어."

"나는 세상에 혼자이며 아무도 도와주는 사람이 없어."

행동적 단서

· 오랫동안 여행을 떠날 것처럼 주변을 정리 정돈한다.

· 유서를 써 놓는다.

· 일기장, 블로그, 미니홈피, 메모장에 같은 단어를 반복하여 써 놓는다.

· 평소에 아끼던 물건들을 친구들에게 나눠 준다.

· 받았던 상장이나 상품을 버리거나 앨범에 있는 사진을 태워 버린다.

· 알코올이나 약물 남용이 심해진다.

· 전에 좋아하던 활동에 흥미를 보이지 않는다.

· 학교에서 불안해하며 공부를 제대로 못한다.

· 마치 다른사람이 된 것처럼 평소에 하지 않았던 모습과 행동을 한다.

· 죽은 사람이나 신령이 나타나는 현몽을 꾸며 사망한 가족이나 친지를 자주 본다고 한다.

육체적 · 정신적 단서

· 멍한 얼굴을 하며 평화로워 보인다.

· 고분고분해지지만 시키는 일은 하지 않거나 말없이 미룬다.

· 말수가 급격히 줄거나 말에 대한 대꾸를 회피한다.

· 친구 관계나 가족에 소홀해진다.

· 식욕부진 또는 평소에 먹지 않는 음식을 정신없이 먹는다.(섭식 행동장애).

자살, 가장불행한 선택

· 잠을 너무 많이 자거나 너무 적게 잔다.

· 외적 용모에 관심을 갖지 않는다.

· 대부분의 증상이 우울증의 증상과 비슷하다.

인생이란 소설은 끝까지 가 보지 않으면

희극인지 비극인지 알 수 없다.

그리고 자신이 소설의 주인공인지,

조연인지도 직접 보지 않으면 알 수 없다.

처음 몇 쪽 읽고 별로라며 덮어 버리기에는

인생이란 소설에 흥미로운 구석이 너무나도 많다.

_인생이란 소설

가장 불행한 선택

자살

3

자살을 예방하는 방법

자살 심리검사, 자가 테스트하기
자살 관련 주요 정신 요소 파헤치기
자살 예방을 위한 여러 가지 방법들

자살 심리검사의
활용

미국의 'Standards for Educational and Psychological Tests'에 따르면, 평가(assessment)란 '인간, 프로그램, 사물의 특성을 측정하는 데 사용하는 모든 방법들'을 의미한다고 한다. 여기에서 '평가'라는 용어는 '검사(test)'라는 용어와 혼용해서 사용되기도 한다.

자살 예방에 있어서 심리검사는 상담자와 내담자 모두에게 많은 정보를 제공해 준다. 상담자는 내담자의 문제를 이해하고 그에게 적절한 도움을 주기 위해 정보가 필요하며, 내담자는 자신을 더 잘 이해하고 미래를 위한 계획을 세우는 데에 심리검사의 정보를 사용할 수 있다.

자살을 막기 위해서는 먼저 내담자가 자살 위험에 처해 있는지 혹은 아닌지를 인식해야 하고, 자살 위험이 있다면 자살위험이 높을 때, 중간 위험일 때, 낮을 때를 인식할 수 있어야 한다. 따라서 심리검사를 통해서 자살위험이 있는지의 여부, 있다면 어느 정도 자살위험이 있는지를 인식하여, 도움을 주기 위한 여러 전략을 세워 나갈 수 있다.

　이번 장에서는 자살위험 평가를 위한 여러 도구들을 살펴보기에 앞서 심리검사 사용 규정 등을 살펴보고자 한다. 우선 검사를 선택하는 데 있어서, 검사 사용자는 사용하려는 검사의 타당도와 신뢰도에 대해 충분히 검토해야 한다. 또한 어떤 검사가 이전에 타당화 작업이 이루어지지 않은 새로운 목적으로 사용되거나 타당도가 뒷받침 되지 못하는 용도를 위해 사용될 때에는 검사 사용자가 타당도에 대한 증거를 마련할 책임이 있다.

　검사를 실시하는 데 있어서 검사자는 검사에 임하는 피검사자의 정서상태를 잘 이해하고, 검사가 어떤 목적으로 실시되며, 검사를 실시했을 때 어떤 이득이 있는지를 충분하게 설명하여야 한다. 또한 검사자는 중립적이고 과학적인 태도로 검사를 실시하며 검사 실시 절차에 익숙하여야 하고, 검사요항에서 제시된 표준화된 방식으로 가능하면 외부자극이 없는 안정된 분위기에서 검사를 실시해야 한다.

　검사의 채점에 있어서 검사 사용자는 전문적 자격과 경험을 갖춘 사람으로서, 검사요항에 제시된 표준화된 채점절차를 주의 깊게 따라야 한다. 규준 자료를 참고하여 해석할 때에는 먼저 규준표를 만들기 위하여 표집된 규준 집단의 대표성 및 크기, 그리고 규준 제작 시기가 적절한지 검토하고, 가능하다면 다른 검사나 관련 자료들을 함께 고려하여 결론을 내려야 한다.

　검사실시자는 일정 기준 이상 전문성을 유지하고 자신이 실시한 검사 결과에 대해 책임을 져야 하며 자신의 능력과 기술의 한계를 알고 있어야만 한다. 또한 전문가로서 자신의 영향을 오용할 수 있는 개인적·조직적·재정적 또는 정치적인 상황이나 압력들에 대해 경계해야 한다.

마지막으로, 검사자는 개인의 사생활권의 문제를 적절히 다루기 위해 검사의 적절성에 대해 피검사자에게 충분하게 설명을 한 후 피검사자의 동의를 얻는 것이 필요하고, 검사과정에서 피검사자에게 얻은 정보에 대한 비밀을 보장할 의무가 있다. 그렇다면 자살위험평가를 위한 여러 가지 심리검사를 알아보자.

❦ Beck 자살생각척도(SSI) ❦

이 검사는 상담자가 내담자의 자살 관련 생각과 행동을 측정하도록 고안된 것으로, 우리나라에서는 1993년 신민섭 등이 자기보고형 질문지로 변형하였다. 3점 척도 19문항으로 되어 있으며, 총점 범위는 0~38점이다. 한국판의 경우 신뢰도는 Cronbach a = .916으로 높고, 타당도는 자기도피 척도, Beck 우울척도, Beck 절망감 척도, Reynolds의 자살생각 척도와 상관관계를 통한 수렴타당도를 구하였는데, .45~.69 사이였다(고려대학교 부설 행동과학 연구소, 1998).

※ 이 질문지는 일상생활에서 경험할 수 있는 내용들로 구성되어 있습니다. 다음의 문항들을 자세히 읽어 보시고 느끼고 있는 바를 가장 잘 나타내 주는 문항을 선택하여 주시면 됩니다.

문항 내용	보기
1	살고 싶은 소망은?	0. 보통 혹은 많이 있다. 1. 약간 있다. 2. 전혀 없다.
2	죽고 싶은 소망은?	0. 전혀 없다. 1. 약간 있다. 2. 보통 혹은 많이 있다.
3	살고 싶은 이유, 죽고 싶은 이유는?	0. 사는 것이 죽는 것보다 낫기 때문에 1. 사는 것이나 죽는 것이나 마찬가지다. 2. 죽는 것이 사는 것보다 낫기 때문에
4	실제로 자살 시도를 하려는 욕구가 있는가?	0. 전혀 없다. 1. 약간 있다. 2. 보통 혹은 많이 있다.
5	별로 적극적이지는 않고 수동적인 자살 욕구가 생길 때는?	0. 생명을 건지기 위해 필요한 조치를 미 리 할 것이다. 1. 삶과 죽음을 운명에 맡기겠다. 2. 살기 위한 노력을 하지 않겠다.
6	자살하고 싶은 생각이나 소망이 얼마나 오랫동안 지속되는가?	0. 잠깐 그런 생각이 들다가 곧 사라진다. 1. 한동안 그런 생각이 계속된다. 2. 계속, 거의 항상 그런 생각이 지속된다.
7	얼마나 자주 자살하고 싶은 생각이 드나?	0. 거의 그런 생각이 들지 않는다. 1. 가끔 그런 생각이 든다. 2. 그런 생각이 계속 지속된다.
8	자살 생각이나 소망에 대한 당신의 태도는?	0. 절대로 받아들이지 않는다. 1. 양가적이나 크게 개의치 않는다. 2. 그런 생각을 받아들인다.
9	자살하고 싶은 충동을 통제할 수 있는가?	0. 충분히 통제할 수 있다. 1. 통제할 수 있는지 확인할 수 없다. 2. 전혀 통제 할 수 없는 것 같다.

10	실제로 자살시도 하는 것에 대한 방해물이 있다면? (예: 가족, 종교, 다시 살 수 없다는 생각 등)	0. 방해물 때문에 자살 시도를 하지 않을 것이다. 1. 방해물 때문에 조금은 마음이 쓰인다. 2. 방해물에 개의치 않는다.
11	자살에 대하여 깊게 생각해 본 이유는?	0. 자살에 대해 생각해 본 적이 없다. 1. 주변 사람들을 조종하기 위해서 관심을 끌거나 보복하기 위해서 2. 현실 도피적 문제 해결 방법으로
12	자살에 대하여 깊게 생각 했을 때 구체적인 방법까지 계획했는가?	0. 자살에 대해 생각해 본 적이 없다. 1. 자살을 생각했으나 구체적인 방법까지는 생각하지 않았다. 2. 구체적인 방법을 제시하고 치밀하게 생각해 놓았다.
13	자살 방법을 깊게 생각 했다면 그것이 얼마나 현실적으로 실현가능하며, 또한 시도할 기회가 있다고 생각하나?	0. 방법도 현실적으로 실현가능하지 않고, 기회도 없을 것이다. 1. 방법이 시간과 노력이 필요하고, 기회가 쉽게 오지 않을 것이다. 2a. 생각한 방법이 현실적으로 실현가능하며, 기회도 있을 것이다. 2b. 앞으로 기회와 방법이 생길 것 같다.
14	실제로 자살을 할 수 있는 능력이 있다고 생각하나?	0. 용기가 없고 너무 약하고 두렵고 능력이 없어서 자살할 수 없다. 1. 자살할 용기와 능력이 있는지 확신할 수 없다. 2. 자살할 용기와 자신이 있다.
15	정말로 자살 시도를 할 것이라고 확신하나?	0. 전혀 그렇지 않다. 1. 잘 모르겠다. 2. 그렇다.
16	자살에 대한 생각을 실행하기 위하여 실제로 준비한 것이 있나?	0. 없다. 1. 부분적으로 했다(예: 약을 사 모으기 시작함). 2. 완전하게 준비했다(예: 약을 사 모았다).

17	자살하려는 글(유서)을 쓴 적이 있는가?	0. 없다. 1. 쓰기 시작했으나 다 쓰지 못했다. 단지 쓰려고 생각했다. 2. 다 써 놓았다.
18	죽음을 예상하고 마지막으로 한 일은? (예: 보험, 유언 등)	0. 없다. 1. 생각만 해 보았거나, 약간의 정리를 했다. 2. 확실한 계획을 세웠거나 다 정리를 해 놓았다.
19	자살에 대한 생각을 다른 사람들에게 이야기 한 적이 있는가, 혹은 속이거나 숨겼는가?	0a. 자살에 대해 생각해 본 적이 없다. 0b. 다른 사람에게 터놓고 이야기하였다. 1. 드러내는 것을 주저하다가 숨겼다. 2. 그런 생각을 속이고, 숨겼다.

구분	정상	많음	상당히 많음	매우 많이 함
성인	8점 이하	9점 ~ 11점	12점 ~ 14점	15점 이상
대학생	13점 이하	14점 ~ 17점	18점 ~ 21점	22점 이상
고등학생 이하	15점 이하	16점 ~ 19점	20점 ~ 23점	24점 이상

☙ Beck의 우울척도(BDI) ❧

* 다음의 문항을 읽어 보시고 각 번호의 여러 란 중에서 요즈음 자신에게
가장 적합다고 생각되는 번호를 하나씩만 골라 ○표를 하십시오.

1
① 나는 슬프지 않다.
② 나는 슬프다.
③ 나는 항상 슬프고 기운을 낼 수 없다.
④ 나는 너무나 슬프고 불행해서 도저히 견딜 수 없다.

2
① 나는 앞날에 대해서 별로 낙심하지 않는다.
② 나는 앞날에 대해서 용기가 나지 않는다.
③ 나는 앞날에 대해 기대할 것이 아무것도 없다고 느낀다.
④ 나는 앞날은 아주 절망적이고 나아질 가망이 없다고 느낀다.

3
① 나는 실패자라고 느끼지 않는다.
② 나는 보통 사람들보다 더 많이 실패한 것 같다.
③ 내가 살아온 과거를 뒤돌아보면, 실패투성이인 것 같다.
④ 나는 인간으로서 완전한 실패자라고 느낀다.

4
① 나는 전과 같이 일상생활에 만족하고 있다.
② 나는 일상생활은 예전처럼 즐겁지 않다.
③ 나는 요즘에는 어떤 것에서도 별로 만족을 얻지 못한다.
④ 나는 모든 것이 다 불만스럽고 싫증난다.

5
① 나는 특별히 죄책감을 느끼지 않는다.
② 나는 죄책감을 느낄 때가 많다.
③ 나는 죄책감을 느낄 때가 아주 많다.
④ 나는 항상 죄책감에 시달리고 있다.

6
① 나는 벌을 받고 있다고 느끼지 않는다.
② 나는 어쩌면 벌을 받을지도 모른다는 느낌이 든다.
③ 나는 벌을 받을 것 같다.
④ 나는 지금 벌을 받고 있다고 느낀다.

7
① 나는 나 자신에게 실망하지 않는다.
② 나는 나 자신에게 실망하고 있다.

자살, 가장 불행한 선택

③ 나는 나 자신에게 화가 난다.
④ 나는 나 자신을 증오한다.

8
① 내가 다른 사람보다 못한 것 같지는 않다.
② 나는 나의 약점이나 실수에 대해서 나 자신을 탓하는 편이다.
③ 내가 한 일이 잘못되었을 때는 언제나 나를 탓한다.
④ 일어나는 모든 나쁜 일들은 다 내 탓이다.

9
① 나는 자살 같은 것은 생각하지 않는다.
② 나는 자살할 생각을 가끔 하지만, 실제로 하지는 않을 것이다.
③ 자살하고 싶은 생각이 자주 든다.
④ 나는 기회만 있으면 자살하겠다.

10
① 나는 평소보다 더 울지 않는다.
② 나는 전보다 더 많이 운다.
③ 나는 요즈음 항상 운다.
④ 나는 전에는 울고 싶을 때 울 수 있었지만, 요즘은 울래야 울 기력 조차 없다.

11
① 나는 요즈음 평소보다 더 짜증을 내는 편은 아니다.
② 나는 전보다 더 쉽게 짜증이 나고 귀찮아진다.
③ 나는 요즈음 항상 짜증을 내고 있다.
④ 전에는 짜증스럽던 일에 요즘은 너무 지쳐서 짜증조차 나지 않는다.

12
① 나는 다른 사람들에 대한 관심을 잃지 않고 있다.
② 나는 전보다 다른 사람들에 대한 관심이 줄었다.
③ 나는 다른 사람들에 대한 관심이 거의 없어졌다.
④ 나는 다른 사람들에 대한 관심이 완전히 없어졌다.

13
① 나는 평소처럼 결정을 잘 내린다.
② 나는 결정을 미루는 때가 전보다 더 많다.
③ 나는 전에 비해 결정을 내리는 데에 더 큰 어려움을 느낀다.
④ 나는 더 이상 아무 결정도 내릴 수가 없다.

14
① 나는 전보다 내 모습이 나빠졌다고 느끼지 않는다.
② 나는 나이 들어 보이거나 매력이 없이 보일까 봐 걱정한다.
③ 나는 내 모습이 매력 없게 변해 버린 것 같은 느낌이 든다.
④ 나는 내가 추하게 보인다고 믿는다.

15	① 나는 전처럼 일을 할 수 있다. ② 어떤 일을 시작하는 데 전보다 더 많은 노력이 든다. ③ 무슨 일이든 하려면 나 자신을 매우 심하게 채찍질해야만 한다. ④ 나는 전혀 아무 일도 할 수가 없다.
16	① 나는 평소처럼 잠을 잘 수 있다. ② 나는 전에 만큼 잠을 자지는 못한다. ③ 나는 전보다 한두 시간 일찍 깨고 다시 잠들기 어렵다. ④ 나는 전혀 아무 일도 할 수가 없다.
17	① 나는 평소보다 더 피곤하지는 않다. ② 나는 전보다 더 쉽게 피곤해진다. ③ 나는 무엇을 해도 피곤해진다. ④ 나는 너무나 피곤해서 아무 일도 할 수 없다.
18	① 내 식욕은 평소와 다름없다. ② 나는 요즈음 전보다 식욕이 좋지 않다. ③ 나는 요즈음 식욕이 많이 떨어졌다. ④ 요즈음에는 전혀 식욕이 없다.
19	① 요즈음 체중이 별로 줄지 않았다. ② 전보다 몸무게가 2kg 가량 줄었다. ③ 전보다 몸무게가 5kg 가량 줄었다. ④ 전보다 몸무게가 7kg 가량 줄었다. ＊나는 현재 음식 조절로 체중을 줄이고 있는 중이다(예, 아니오).
20	① 나는 건강에 대해 전보다 더 염려하고 있지는 않다. ② 나는 여러 가지 통증, 소화불량, 변비 등과 같은 신체적인 문제로 걱정하고 있다. ③ 나는 건강이 염려되어 다른 일은 생각하기 힘들다. ④ 나는 건강이 너무 염려되어 다른 일은 아무것도 생각할 수 없다.
21	① 나는 요즈음 성에 대한 관심에 별다른 변화가 있는 것 같지 않다. ② 나는 전보다 성(SEX)에 대한 관심이 줄었다. ③ 나는 전보다 성(SEX)에 대한 관심이 상당히 줄었다. ④ 나는 성(SEX)에 대한 관심을 완전히 잃었다.

BDI	채점	순서대로 0, 1, 2, 3 점으로 계산
	해석	10점 ~ 15점 – 약간 우울 상태 16점 ~ 23점 – 상당한 우울 상태 24점 이상 – 매우 심한 우울 상태

❧ 절망감척도(BHS) ❧

절망감 측정도구는 Beck과 Weissman(1974)이 개발한 Beck Hopelessness Scale(BHS)로, 원래의 도구는 20문항으로 '예', '아니오'로 응답할 수 있게 되었다. 본 연구에서는 신민섭 등 (1990)이 번안하여 사용한 것을 배지연(2005)이 총 10문항의 Likert식 5점 척도로 구성된 도구를 사용하고자 하며, '매우 그렇다', '전혀 그렇지 않다'는 1점으로 제시하고, 점수가 높을수록 절망감 정도가 높음을 의미한다. 긍정적 문항에 대해서는 역으로 환산한다. 배지연 (2005)에서는 Cronbach's 계수는 .82로 보고되고 있으며, 본 연구에서는 .90으로 나타났다.

* 다음의 문항들을 자세히 읽고 해당되는 칸에 ○표 해 주십시오.

내용	전혀 그렇지 않다	그렇지 않다	그저 그렇다	그런 편이다	매우 그렇다
*1. 나는 장래가 희망적이라고 생각 한다.					
*2. 나는 앞날에 대해서 별로 낙심 하지 않는다.					

*3. 나의 장래는 행복할 것으로 생 각한다.					
4. 나의 인생이 앞으로 10년 후 어떻게 변화될지 예측할 수 없 다는 생각이 든다.					
5. 나는 지금 불행하며 앞으로도 계속 그러할 것이라 생각한다.					
6. 나는 앞날에 대해 용기가 나지 않는다.					
7. 나는 앞날에 대하여 기대할 것 이 아무것도 없다고 느낀다.					
8. 나의 앞날은 아주 절망적이고 나 아질 가망이 없다고 느낀다.					
9. 내 능력으로는 매사를 잘 처리 할 수 없어서 포기하는 편이 낫 겠다는 생각이 든다.					
10. 내가 원하는 것이 이루어질 것 같지 않아서 노력해도 소 용없다는 생각이 든다.					

- 매우 그렇다 : 5점
- 그런 편이다 : 4점
- 그저 그렇다 : 3점
- 그렇지 않다 : 2점
- 전혀 그렇지 않다 : 1점
- * 역점수 1, 2, 3번
- 최고점 : 50점(점수가 높을수록 절망감의 정도가 높음)

☙ 자살잠재력(IPS) 질문지 ☙

윌리엄 융(William Jung)이 개발한 이 질문지(Idex of Potential Suicide Interviewer Form)의 목적은 각 질문 항목에 대한 '자기보고'를 통해 자살의 가능성을 객관적으로 평가하여, 자살예방상담에 도움을 얻으려는 것이다.

* 이 질문지의 문항들을 주위 깊게 읽은 다음, 최근 3개월 이내에 자신의 상태를 나타내는 부분에 표시를 하고 그 점수의 합계가 어느 범위에 해당되는지 살펴보시오. 어느 한 문항에 너무 오래 생각하지 마시고 자연스러운 마음을 갖고 솔직하게 응답하시오.

번호	항목	질문	전혀 아님	아주 적음	약간	보통	심함
1	우울감	슬프거나 우울한 적이 있는가?	0	1	2	3	4
2	하루 동안의 변화	하루 중에서 기분이 아주 좋거나 나쁠 때가 있는가?	0	1	2	3	4
3	울고 싶음	울거나 울고 싶을 때가 있는가?	0	1	2	3	4
4	수면 장애	수면상태는 좋지 못한가?	0	1	2	3	4
5	식욕 감퇴	식욕이 떨어졌는가?	0	1	2	3	4
6	성욕 감퇴	성적인 욕구가 감퇴되었나?	0	1	2	3	4
7	체중 감소	체중은 줄었는가?	0	1	2	3	4
8	변비	변비로 고생을 하고 있는가?	0	1	2	3	4
9	심계항진	심장이 보통 때보다 빨리 뛸 때가 있는가?	0	1	2	3	4

10	피로	쉽게 피로를 느끼는가?	0	1	2	3	4
11	마음의 혼란	마음이 혼란하거나 생각을 하는 데 고생을 한 적이 있는가?	0	1	2	3	4
12	정신운동의 지체	평소보다 행동하는 것이 느리다고 느끼는가?	0	1	2	3	4
13	정신운동의 동요	불안해서 계속 앉아 있을 수 없을 때가 있는가?	0	1	2	3	4
14	희망 없음	미래에 대해 얼마나 절망적으로 느끼는가?	0	1	2	3	4
15	분노	쉽게 화를 내는가?	0	1	2	3	4
16	우유부단	결정을 하기가 어려운가?	0	1	2	3	4
17	자기비하	자신이 아무 쓸모없다고 느낀 적이 있는가?	0	1	2	3	4
18	공허감	인생이 공허하다고 느낀 적이 있는가?	0	1	2	3	4
19	자살숙고	스스로 목숨을 끊겠다고 생각한 적이 있는가?	0	1	2	3	4
20	불만족	자신이 하던 일에 여전히 불만족 하는가?	0	1	2	3	4
21	근심	근심하고 있거나 해 본 적이 있는가?	0	1	2	3	4
22	공포심	이유 없이 두려움을 느낀 적이 있는가?	0	1	2	3	4
23	공황	두려움으로 쉽게 당황하는가?	0	1	2	3	4
24	정신분열	자신이 산산조각이 났다고 느낀 적이 있는가?	0	1	2	3	4
25	염려	무엇인가 끔찍한 일이 일어나리라고 느낀 적이 있는가?	0	1	2	3	4

26	음주: 형태	아침에 술을 마시는가?	0	1	2	3	4
27	음주: 주량	자신의 주량에 비해 과음한다는 이야기를 들은 적이 있는가?	0	1	2	3	4
28	전문가 도움: 의사, 박사, 목사, 변호사, 사회사업 가	최근 3개월 안에 전문가와 상담 할 정도로 자신의 건강이나 근 심거리가 있는가?	0	1	2	3	4
29	신체적 불만	생각지도 않는 곳이 아프거나 고통스러운 적이 있는가?	0	1	2	3	4
30	신체적 건강	지금까지 신체적 건강이 좋지 않다고 생각하는가?	0	1	2	3	4
31	약물 남용	자기 전에 수면제를 복용한 적 이 있는가?	0	1	2	3	4
32	지지 부족	당신을 돌보아 주고 이해할 수 있는 사람이 없다고 느끼는가?	0	1	2	3	4
33	대안의 부족	현재의 상황에서 벗어날 길이 없다고 느끼는가?	0	1	2	3	4
34	절망	당신은 언제가 일이 더 나빠질 것이라고 생각하는가?	0	1	2	3	4
35	자기비난	잘못된 일은 다 자기 자신의 잘못 이라고 스스로를 비난하는가?	0	1	2	3	4
36	죄의식	과거에 대해 죄의식을 느낀 적 이 있는가?	0	1	2	3	4
37	벌	자신이 벌을 받아 마땅하다고 느낀 적이 있는가?	0	1	2	3	4
38	유용한 지지	궁지에 빠졌을 때 의지할 사람 이 없다고 느끼는가?	0	1	2	3	4

자살, 가장 불행한 선택

39	자기통제: 공격성	화가 발끈하여 냉정함을 잃은 적이 있는가?	0	1	2	3	4
40	공격성	몸으로 부딪쳐 싸운 적이 있는가?	0	1	2	3	4
41	자아통제	운전하다가 교통사고를 당한 적 이 있는가?	0	1	2	3	4
42	개인의 외모	대중 앞에서 자신의 외모가 문 제가 되는가?	0	1	2	3	4
43	자살: 계획,구상	자살에 대해 고려하고 있다는 것을 얼마나 자주하는가?	0	1	2	3	4
44	자살: 계획,행동	자살을 생각하는 사람이 실제로 목숨을 끊는다고 생각하는가?	0	1	2	3	4
45	개인의 책임감	당신에게 의지하는 사람이 없다 고 생각하는가?	0	1	2	3	4
46	자살: 숙고	최근 들어 죽음에 대해 생각해 본 적이 있는가?	0	1	2	3	4
47	자살: 방법	자살 방법에 대해 생각해 본 적 이 있는가?	0	1	2	3	4
48	자살: 사전위협	자살하고 싶다고 누군가에게 이 야기한 적이 있는가?	0	1	2	3	4
49	자살: 사전기도	자살해 보려고 시도해 본 적이 있는가?	0	1	2	3	4
50	자살: 다른 사람	주위에 자살한 사람을 알고 있 는가?	0	1	2	3	4

* 점수의 범위

- 70점 이상 → 자살 가능성이 매우 높다.
- 60점 이상 ~ 70점 이하 → 자살 가능성이 높다.
- 50점 이상 ~ 60점 이하 → 자살 가능성이 보통이다.
- 40점 이상 ~ 50점 이하 → 자살 가능성이 낮다.
- 40점 이하 → 자살 가능성이 매우 낮다.

THEMA 07

함께 있는 사람이 자살하려 한다면?

타인의 자살 충동이 느껴질 때 지켜야 할 5가지 수칙

① 주변에 총, 칼, 약처럼 자살에 사용될 수 있는 물건들이 없도록 한다. 혼자 두어서는 안 된다.

② 위급한 상황이 발생했을 때, 혼자 해결하려 해서는 안 된다. 119를 부르거나 경찰, 다른 사람에게 전화해 도움을 요청한다.

③ 도움을 요청하고 기다리는 동안엔 차분하게 대화를 시도해 보자. 시선을 마주하고 손을 잡고 대화하는 것이 효과적이다.

④ 자살 방법 등 자살 계획을 면밀하게 세워 뒀는지 대화를 통해 알아 둔다.

⑤ 대화를 통해 주변에 도움을 줄 수 있는 사람이 많다는 사실을 상기시킨다.

자살 위험자를 발견했을 때

자살 생각이나 계획을 가지고 있는 사람을 발견하거나, 모호하게라도 자살을 표현하는 사람이 주위에 있다면 반드시 전문가의 도움을 받을 수 있도록 해야 한다. 그들은 자살을 수치스럽게 느끼며 자살 의도를 가지고 있다는 사실을 숨기려고 하면서 자신을 누군가가 알아주고 구해 주기를 바라고 있다. 자살을 모호하게라도 표현하는 사람이 주변에 있다면, 가볍게 여기지 마시고 반드시 도움을 받을 수 있도록 해 주어야 한다.

153

자살을 예방하는 방법

자살 위협을 받을 때

위협을 무시하거나 과도하게 흥분하지 않고 신중하고 분별력 있게 행동하고 대화를 할 수 있도록 시도해야 한다. 만약 자살 도구를 가지고 있다면 직접 나서서 처리하려 하지 말고 스스로 도구를 버릴 수 있도록 해야 하며, 자살 위기를 혼자서 해결하려고 하지 말고 반드시 전문가와 상의해야 벗어날 수 있다. 도움을 받기 전에 다음 내용을 최대한 알려 주는 것이 좋다.

· 현재 있는 장소, 연락처, 주소 확인
· 자해 행동 여부, 동류, 경과 시간
· 복용 물질(약물, 술 등)과 양
· 전문가에게 연락하고 전문가가 도착하기 전까지 대화를 계속 할 수 있는지 여부

심각한 경우에는 입원치료를 받을 수 있도록 해야 하며, 이때 절대 치료나 입원이 처벌이나 협박처럼 들리지 않도록 해야 한다. 자살하려는 사람이나 전문가에게 적절한 치료적 개입을 돕고 협조하는 것이 중요하다.

도움받기를 거부할 때

자살을 생각하는 사람은 감정상태가 매우 혼란스럽기 때문에 말과 행동이 다른 양상을 보인다. 강요당한다는 느낌 없이 존중하면서 부드럽게 '전문가의 도움을 받는 것'에 대해서 이야기한다면, 당장 받아들이지는 않더라도 아마 그 말에 대해서 곰곰이 생

각해 볼 것이다.

자살을 생각하는 사람이 상담이나 치료를 받지 않으려고 한다면 당신 자신을 위한 상담을 받아 보는 것도 좋은 방법이며, 당신이 상담 받는 모습을 보며 자살하려는 사람이 함께 상담을 받을 수도 있다.

마지막 수단으로 강제적으로 전문적인 도움을 받도록 해야 하는 경우가 있다. 약을 과다 복용했거나 손목을 긋는 등 심각한 자해행동을 하게 되면 병원에서 응급처치를 받게 되는데, 이때 잘 치료받을 수 있도록 의료진에게 적극적으로 협조하는 것이 중요하다. 입원치료는 위험한 시기를 넘기도록 해서 한 생명을 구할 수 있는 방법 중 하나이다.

내 생명의 주인은 누굴까?

나라고 착각하기 쉽다.

그러나 내 생명은 공동명의다.

나와 내 가족과 친구들의 공동명의다.

나와 내 가족과 친구들의도장을 다 받기 전에는

함부로 팔아치워서는 안된다.

_공동명의

자살 관련 주요 정신 요소 파헤치기

흔히 생각하는 것처럼 자살은 충동적으로 할 수 있는 것이 아니다. 사람들은 누구나 살기를 원하지, 죽기를 원하는 사람은 아무도 없다. 자살을 한 사람들의 주변 사람들의 말에 따르면 그들이 자살하기 전 심각한 우울증을 앓았던 것 같다고 말하는데, 우울증의 가장 심각한 폐해가 바로 자살이다. 따라서 자살의 직접적인 원인은 생활고 비관도, 성적 비관도 아닌, 바로 '우울증'이라는 마음의 병에 있는 것이다.

물론 자살한 사람들이 겪은 현실적 어려움들이 우울증에 원인을 제공했다고 볼 수도 있지만, 이런 어려운 현실이 모든 사람을 다 우울증으로 내모는 것은 아니다. 물이 반 정도 채워진 컵을 보고 "물이 반이나 있네."라고 하는 사람이 있는 반면 "물이 반밖에 없네."라고 하는 사람들이 있듯, 똑같은 경험을 하더라도 그 사람의 성격 구조에 따라서 눈앞에 펼쳐지는 현실을 전혀 다르게 인식하고 해석하고 반응하는 것이다.

한국 사회에서는 우울증을 너무 가볍게 여기는 경향이 있다. 우리 민족의 정서가 한(恨)이다 보니, 어느 정도의 우울함과 슬픔은 누구나 다 가지고 있는 것으로 생각한다. 오죽하면 다른 문화에서는 새가 노래한다고 하는데, 우리는 그 새의 노랫소리가 울음소리로 들리겠는가? 이렇게 우울함을 당연시하다 보니 우울증을 치료받아야 할 질병으로 보지 못하는 것이다.

그래서 우울증으로 고통받는 사람이 며칠씩 집 밖에 나가지도 못하는데도 주변 사람들은 "조금 지나면 괜찮아지겠지."라고 막연히 생각하고 시간이 해결해 주리라 생각하는 경우가 많다. 그러다가 병이 깊어져서 그 사람이 자살이라는 극단적인 선택을 하면, 그제야 우울증의 파괴적인 힘을 깨닫고, '치료라도 권해 볼걸…….' 하고 후회해 보지만 이미 때는 늦었다.

유명 연예인의 자살 보도를 접하면서, 여러 가지 자신을 둘러싼 루머로 고통받았다는 얘기를 들으면서, 본인이 혹은 주변 사람들이 그 사람의 상태를 어느 정도로 심각하게 받아들였는지 의문이 들었다. 우울증에 대한 이해가 있었는가? 심리치료를 받은 적이 있는가? 만약 심리치료를 받았더라면 이런 식의 자살은 방지할 수 있지 않았을까?

아직 한국 사람들에게 심리치료가 다소 생소한데다 정신적으로 심각한 문제를 가진 사람, 즉 조현병, 극심한 우울증을 가진 이들에게나 해당되는, 나와는 거리가 먼 것으로 생각하는 경우가 많다. 하지만 미국, 특히 뉴욕에서는 많은 사람들이 심각한 정신적 질환이 없더라도 대인관계 문제, 부부간의 갈등, 수면장애, 직장

자살을 예방하는 방법

내 스트레스, 건강염려증, 분노조절, 불안 등등의 이슈로 심리치료실을 찾는다고 한다.

이 장에서는 자살에 큰 영향을 끼치는 정신적인 요소를 크게 우울증, 스트레스, 분노의 세 가지로 나눈 후, 증상과 원인, 관리방법을 정리해 보고자 한다.

❦ 우울증 관리 ❦

오랜 노력 끝에 계획했던 일들이 이뤄지고 좋아하는 사람에게 사랑받는다고 느낄 때, 우리는 기쁨과 행복을 느낀다. 그러나 우리의 삶엔 이런 일만 있는 것이 아니다. 우리는 누구나 삶 속에서 실패와 좌절, 상실의 아픔을 경험하고 괴로워하곤 한다. 최선을 다했던 중요한 일에서 실패하기도 하고, 애정을 갖고 노력했던 직장에서 실직당하며, 사랑하는 사람으로부터 거절당하고 소중한 사람과 영원한 이별을 하기도 한다.

이런 일을 경험하고 나면 누구나 불행감이 밀려들고 자신의 인생 전체가 암울하게 느껴진다. 자신이 열등하고 비참하게 느껴지며 삶이 매우 힘겹고 고통스러워진다. 미래에 대한 비관적인 생각, 열등감, 슬픔으로 마음이 가득 차고, 일상생활에서도 전혀 즐거움을 못 느끼며 일시적으로는 아무것도 하기 싫은 무기력한 상태에 빠진다. 학업이나 직업 활동이 위축되고 성적과 업무능력이 저하된다. 대인관계도 위축되어 사람들을 만나지 않으려 하고 말수가 적어지며, 심하면 절망감에 자살 시도를 하기도 한다.

이렇게 인생에서 고통스런 시련을 겪을 때 우리에게 흔히 찾아오는 것이 우울증이다. 우울증은 '마음의 감기'라고 할 만큼 매우 흔한 심리적 문제로 가장 흔한 정신장애 중 하나다. 흔히 주위에서는 "마음을 굳게 먹거나 시간이 지나면 나아진다."고 대수롭지 않게 여기는 경우가 많지만, 우울증은 마음이 약해서 생기거나 의지로 없앨 수 있는 병이 아니다. 치료하지 않으면 수개월에서 수년간 지속될 수도 있으며, 직업과 사회, 신체 기능에 심한 장애를 가져오게 될 뿐만 아니라 대인관계의 문제나 직업적인 능력의 저하, 심하면 죽음에 이를 수도 있다.

어떤 연구에 의하면 일생 동안 한 사람이 우울증에 걸릴 확률은 30%에 달한다고 한다. 그러나 그중에서 단지 10~25%만이 전문가로부터 치료를 받는다. 현대사회에서 우울증은 증가 추세에 있다. 이런 추세는 전 세계적으로 공통된 현상인데, 아마도 점점 더 경쟁적이 되어 가는 현대사회의 한 단면을 반영하는 것이 아닐까?

남자보다는 여자에서 두배 가량 흔한데, 이는 남성보다 여성이 우울증상에 더 예민하게 집착하는 성향 때문이라고 한다. 또 여성은 생리 시작 며칠 전에 우울증상이 나타나는 경우도 많다. 어린 시절엔 적지만 청소년기에 들어서면서 우울증이 많이 증가하는데, 약 20% 이상의 청소년이 한 번 이상 우울증을 경험한다는 통계도 있다.

청소년기는 '질풍노도의 시기'라는 말이 있듯이, 기분 변화가 심하고 정서적으로 불안정하며 자아정체감을 형성하면서 혼란이 많은 시기다. 급격한 신체 변화에 따라 자신의 외모와 신체에 대한 관심이 증가하고, 이에 따라 열등감과 수치심을 겪기 쉽다. 특히 우리나라에서는 청소년기에 학업에 대한 과도한 부담감 속에서 부모나 교사와의 갈등뿐 아니라 친구들과의 갈등을 겪는 경우가 많은데, 이런 점들이 우울증을 겪는 원인으로 작용한다.

　우울증은 대부분의 사람들이 일생에 한두 번씩 경험하는 마음의 감기라고 한다. 그래서 우울증을 가볍게 여기고 방치하다가 치료시기를 놓치고 자살로 이어지는 경우가 많다. 따라서 주요 선진국이나 우리나라에서는 우울증 치료를 자살 예방의 한 방법으로 삼고 있다. 최근에는 좋은 약과 치료 방법이 개발되어서 우울증을 조기에 발견하고 치료하면 완치가 가능하기 때문이다.

우울증의 정의

우울증은 조절되지 않는 우울한 기분과 함께 의욕의 상실 집중력의 장애, 입맛의 저하, 수면의 장애, 죄책감, 자살 사고 등의 여러 가지 고통스러운 경험을 하게 되는 병적 상태를 말한다. 우울증은 한마디로 맛이 없어지는 질환이다. 밥맛(먹는 즐거움), 잠맛(자는 즐거움), 잠자리 맛(성적인 즐거움), 그리고 삶의 맛(인생의 즐거움)이 없어지는 것이다.

　우울증은 우울한 기분에 수반되는 정서표현을 나타내고 이러한 생각은 행동의 장애도 가져올 수 있으며 여러 가지 신체적 증상을 수반하게 된다. 성인 6명 중 1명은 우울증을 앓고 있으며 임신과 출산, 육아에 대한 스트레스 등으로 남성보다 여성이 우울증에 걸릴 확률이 2배나 높다.

우리는 우울증과 우울감을 구별하기가 어려운데, 이 때문에 기분이 좋지 않으면 우울증에 걸렸다고 생각하는 경향이 있다. 그러나 우울증은 일시적인 우울감과는 다르다. 우울증은 개인적인 약함의 표현이거나 의지로 없애 버릴 수 있는 상황이 아니기 때문이다. 우울증을 앓고 있는 사람은 단지 마음을 굳게 먹는 것으로 회복되지 않는다. 치료하지 않으면 증상은 수개월에서 수년간 지속될 수 있다. 다음 표는 우울증과 우울감의 차이를 정리한 것이다.

	우울증	우울감
기본적 차이점	질병	생활환경에 대한 정상 반응
증상	기분, 사고, 신체 기능의 다양한 증상	기분의 단일 증상
기간	지속적	일시적
자살가능성	있음	거의 없음
치료	전문적인 치료가 필요함	말을 경청해 주는 사람이 필요하며 시간이 지나면 호전됨

우울증의 증상 확인

다음은 임상적인 우울증의 특징을 9가지 주요 증상으로 정리한 것이다. 나는 어떠한지 체크해 보자.

① 우울감 : 우울감을 적어도 2주 이상 거의 매일 혹은 부분적으로 느낀다. (ㅇ/×)

② 일에 대한 흥미나 즐거움의 감소 : 즐거웠던 활동들에 대한 흥미가 없다. (ㅇ/×)

③ 체중 감소 또는 증가 : 체중의 5%가 감소 또는 증가되었다. (ㅇ/×)

④ 불면 또는 과수면 : 거의 매일 잠들거나 숙면이 어렵고, 아침에 일찍 깨게 된다. (ㅇ/×)

⑤ 정신운동 활성 지체 또는 심한 불안 : 늘 생각과 동작이 느리거나 초조하다. (ㅇ/×)

⑥ 피로감 또는 활력 상실 : 늘 피로하거나 기력이 저하됨을 느낀다. (ㅇ/×)

⑦ 무가치감 또는 죄책감 : 자존감이 저하되고 무가치감 또는 죄책감을 느낀다. (ㅇ/×)

⑧ 주의 집중력 장애 : 결정과 생각 그리고 집중에 만성적인 어려움이 있다. (ㅇ/×)

⑨ 죽음에 대한 반복적 생각 : 죽음이나 자살을 반복적으로 생각하고 자살 계획을 세운다. (ㅇ/×)

만약 처음 두 증상 중 한 개와 나머지 일곱 증상 중 네 개 이상의 증상이 있다면, 그리고 이러한 증상이 2주 이상 지속되고, 개인의 기능을 저하시킨다면 우울증의 진단을 내릴 수 있다. 진단은 전반적인 정신과적 · 신체적 검사를 통해서 비슷한 증상을 보일 수 있는 다른 정신과적 · 신체적 질환이 배제된 후 내려져야 한다.

우울증의 원인

우울증은 뇌 안의 세로토닌, 노어에피네프린 등 신경전달 물질의 이상과 코티졸 등 호르몬 체계의 이상으로 생기는 문제로, 직장, 가정, 돈, 사랑, 신체의 상실, 환경의 변화 등에서 일어날 수 있다. 우울증은 여러 가지 요인들에 의해서 유발될 수 있으며, 이를 정리하면 다음과 같다.

① 심리적인 상실

태어나서 죽을 때까지 우리는 많은 것을 잃기도 하고 얻기도 하면서 살게 된다. 특히 인간관계와 물질적인 것 등에서 받는 상실은 그 수위에 따라서 삶을 슬프게 만들기도 하고 심각한 우울증에 빠지게 하기도 한다. 특히 내향적이고 조용하고 매사에 소심한 성격의 사람, 자신감이 부족하고 의존 성향이 강한 사람, 스트레스를 쉽게 받는 사람 등은 상실을 다루는 방법을 배워야 한다. 그렇지 않으면 심각한 우울증에 빠질 가능성이 높다.

② 사회적 상실

배우자, 가족, 직장동료 등 자신의 존재감과 안정감을 유지시켜 주는 사회적인 친밀감, 애정, 소속감, 물질적 도움 등의 자원의 상실에서 비롯되는 경우이다. 이러한 사회적인 관계에서의 상실감은 점점 외로움에서 우울증으로 이어져서 개인의 정서를 해칠 수 있다. 특히 사회가 도시화·핵가족화·개인주의 등의 분위기로 흘러가면서 사회적 상실로 인한 우울증은 더욱 심화되고 있다. 따라서 삶의 생동감을 줄 수 있는 주변인들과의 관계 유지는 사회적 상실감을 최소화할 수 있는 방법이다.

③ 질병과 노화

몸이 심각하게 아프면 통증과 같은 증상들이 스스로를 고통스럽게 하고, 평소 좋아하던 행동을 하지 못하게 한다. 이렇게 되면 우울한 마음을 갖게 된다. 그뿐만 아니라 종양이나 갑상선 질환, 내과적 질환 등 우울증을 유발시키는 질병을 얻을 경우에는 조증과 우울증이 유발되는 경우도 있다. 또한 나이가 들어가면서 신경전달물질이 영향을 받게 되며 점점 스트레스에 민감해져 우울증에 취약한 정신상태를 보이는 경우가 많다. 따라서 나이가 많은 사람들은 우울증 예방을 위해 건강한 신체를 유지할 필요가 있다.

④ 신경질환 약의 남용

고혈압 약이나 관절염 약 같이 신체질환을 치료하기 위하여 복용한 약의 부작용으로 우울증에 빠지는 경우가 있다. 약을 복용하는 도중에 특별한 이유도 없이 우울해지면, 먼저 약이 우울증을 유발시킬 수 있는 약인지 의사에게 문의해야 한다.

⑤ 성격과 스트레스

주변 상황에 민감하게 반응하는 사람, 쉽게 불안해하고 고민하는

사람 그리고 수줍음이 많고 대인관계를 꺼려하는 사람들은 우울
증에 걸릴 위험이 많다. 또한 스트레스에 민감하고 스스로 그 스
트레스를 해결할 정신적 · 육체적 자신감이 결여된 사람이라면 우
울증에 걸릴 가능성이 높아진다. 성격이나 스트레스는 우울증의
직접적인 원인이 되기보다는 우울증의 촉발제 역할을 한다고 볼
수 있다.

우울증의 종류

우울증은 크게 주요 우울증, 기분부전 장애, 양극성 우울증, 계
절성 정동장애로 나눌 수 있다.

① 주요 우울증

주요 우울증은 가장 흔한 형태의 기분장애로 정상적인 일상기능
을 방해하며 치료를 필요로 하는 심각한 질환이다. 주요 우울증
은 한 차례 또는 여러 차례 반복적으로 경험될 수 있다. 주요 우
울증은 앞에서 논의했던 9가지 증상 중 적어도 5가지 증상이 동
반된다.

② 기분부전 장애

두 번째로 흔한 형태로 비교적 경한 우울 증상이 2년 이상 지속되
는 우울증이다. 일반적으로 사회에서 말하는 '우울 신경증', 혹은
'우울 성격'이라고 불리는 것이 여기에 해당된다. 소아나 청소년
의 경우에는 1년 정도의 기간 동안 지속되면 기분부전증에 해당

된다. 기간이 길기 때문에 기분부전 장애는 심한 장해를 일으킬 수 있다. 기분부전증을 가진 사람은 우울증 증상 중 2~3개 정도만 가지고 있기 때문에 병의 심각성이 과소평가될 수 있고 제대로 치료되지 않을 수 있다.

③ 양극성 우울증

양극성 우울증은 소위 사회에서 말하는 조울증에서 나오는 우울 현상이다. 조울증은 우울증과 반대로 기분이 들뜨고 자신만만하고 잠을 자지 않아도 피곤하지 않고, 과도한 활동을 보이며 말도 많다. 양극성 우울증이란, 이처럼 기분의 높고 낮음이 있는 양극단을 오가는 도중에 나타나는 우울증상을 말한다. 대체로 양극성 우울증의 증상은 주요 우울증의 증상과 유사하며, 과수면과 식욕 증가와 같은 비전형적인 증상도 있다. 양극성 우울증의 치료는 기분안정제가 항우울제에 첨가되어야 한다는 점에서 단극성 우울증과는 다르다. 이러한 양극성 우울증은 유전적인 경향이 크며, 남녀 간에 같은 발병률을 보인다.

④ 계절성 정동장애

계절적 리듬을 타는 우울증의 일종으로, 겨울에 나빠지고 봄과 여름에 좋아진다. 현재까지의 연구는 햇빛의 부족이 에너지 부족과 활동량 저하, 슬픔, 과식, 과수면을 일으키는 생화학적 반응을 유도한다고 보고하고 있다. 이 병을 앓고 있는 환자의 83%는 여자이고 어린이도 취약하다. 많은 사람들이 휴가 때 느끼는 스트레스 증가로 인한 휴가의 우울감과 혼동해서는 안 된다.

계절성 정동장애에서 가장 많이 하는 치료는 광선요법으로, 매일 일정 기간 동안 강한 광선에 노출시키는 것이다. 약물치료와 정신치료도 역시 효과가 있다. 겨울에 햇빛의 양이 절대적으로 부족한 위도가 높은 북유럽 등에서 많이 나타나며, 우리나라의 경우는 비교적 드문 상태이다.

우울증의 치료

임상적 우울증은 1년 정도 치료하면 80~90%의 환자가 치료되는 질환이다. 적절한 개입은 우울증으로 고생하는 사람들의 호전 가능성을 증가시킨다. 우울증에는 약물치료와 정신치료라는 중요한 두 가지 치료를 할 수 있는데, 어떤 경우에는 약물치료나 정신치료 중 한 가지 방법만으로도 충분할 수 있다. 정신과 의사, 가정의, 다른 정신건강 전문가들과 적절한 치료 계획을 세울 때 병의 경중, 약물 가족력, 과거의 치료반응 등이 고려되어야 한다.

① 약물치료

항우울제에는 여러 가지 종류가 있는데, 중독성이나 흥분성은 없고 몇 주가 지난 후에 효과가 있을 수 있다. 항우울제는 뇌 화학 성분에 영향을 준다. 항우울제를 처방하기 전에 의사는 잠재적인 부정적 상호작용을 최소화하기 위해 현재 투약 중인 약물을 파악하고 용량을 결정한다. 이러한 약물을 조절하기 위해 정신과 의사나 가정의를 꾸준히 만나 보는 것, 약을 끊으라고 의사가 권고할 때까지 투약을 지속하는 것이 중요하다. 종종 환자들은 여러 약을 같이 먹는 것이 필요할 수도 있으며 효과적인 약을 찾기 전에 용량을 조절할 필요도 있다. 습관성은 없으며 부작용은 적으나, 만일 부작용이 나타나는 경우에는 의사와 상의해야 한다.

기분 안정제 이 약제들은 양극성 우울증 환자에게 기분 변화가 있을 때, 이를 안정시키기 위해서 사용한다. 이 약은 항우울제 단독으로 반응이 없을 때, 항우울제와 같이 사용될 수 있다. 신경안정제가 아니며, 보통 리튬이라는 약물로서 기분의 굴곡을 정상화시켜 주는 작용을 한다.

항불안제 불안이 빈번하게 우울증상과 동반되기 때문에 항우울제와 함께 항불안제를 사용하기도 한다. 이것이 소위 사회에서 말하는 '신경안정제'에 해당된다.

기타 항전신병 약물, 갑상선 제제 등이 포함된다.

② 정신치료
정신치료, 대화치료 등의 많은 형태가 있으며, 오늘날에는 인지치료, 대인치료, 정신역동치료 등이 사용된다. 이들 치료는 개인, 집단, 가족의 면담에 적용될 수 있다.

인지치료는 우울증 환자가 자기나 세상에 대한 비현실적인 태도로 인해 사고의 장애를 갖는다는 전제를 기초로 한다. 인지치료에서는 개인의 부정적인 시각을 대체할 수 있는 새로운 사고방식을 배우고 연습하는 등 새로운 대응전략을 갖도록 교육을 받는다. 인지치료는 일반적으로 짧은 시간 내 가능하고 잘 체계화하여 있으며 목적 지향적이다. 이러한 목적을 설정하고 달성하는데 있어서 치료자와 환자간의 적극적인 협조가 필요하다. 이 인지치료를 통해 사고, 행동 그리고 감정의 변화가 나타날 것으로 기대된다.

대인치료는 이 치료는 중요한 인물과의 관계에서의 문제점에서 우울증이 생긴다는 전제하에, 기본적으로 대인관계에 어려움을 갖는 사람에게 적용된다. 일반적으로 단기간의 대인치료는 배우자, 가족 구성원, 친구, 직장 상사나 동료와 같은 개인 생활의 주요 인물과의 현재 사회적 기능에 초점을 맞추어 행동을 관찰하고 감정상태를 파악하고 대인적인 다른 행동을 시도하게 한다. 대인치료의 목적은 대인 관계기술의 향상이다.

정신역동 치료는 앞의 두 가지 치료보다 좀 더 시간을 필요로 하는 치료법이다. 인간의 어린 시절에 해결되지 못한 갈등이나 고통스러운 경험이 성인에 이르러서도 지속되어 생활에 문제를 만든다는 것을 전제하고 있다. 이론적으로 볼 때, 어린 시절의 갈등을 이해하고 해결하는 것이 스스로 반복된 형태에서 벗어나게 하며, 개인의 삶의 욕구를 좀 더 성공적으로 이룰 수 있도록 도울 수 있다는 것이다.

우울증의 예방

우울증 치료에 앞서 예방하는 것이 최선이다. 먼저 규칙적인 운동을 추천한다. 우울증의 주원인은 스트레스인데, 유산소 운동 등의 취미생활을 통해 스트레스를 해소할 창구를 마련할 수 있기 때문이다. 그리고 고른 영양 섭취를 권한다. 비타민과 미네랄 섭취를 통해 면역기능을 강화할 수 있기 때문이다. 또한 사소한 것에 집착하거나 상처받지 않도록 대범하고 긍정적인 생각을 갖도록 노력할 필요가 있다.

우울증은 누구나 한 번쯤 빠질 수 있는 위험한 늪이라 생각할 수 있으며 심리적 공황상태라고 볼 수 있다. 이런 우울증은 대상을 가리지 않고 찾아갈 수 있으며, 심리적으로 좌절과 절망으로 한 사람의 인생을 송두리째 바꿔 놓을 수 있다. 즉, 자살에까지도 이르게 할 수 있다는 점이다. 따라서 우리 스스로는 항상 긍정적인 사고와 행동으로 스스로를 굳건히 지킴은 물론, 주변 사람들에게도 관심을 가지고 애정을 쏟아야 한다.

☙ 스트레스 관리 ❧

스트레스는 살아가는 과정에서 피할 수 없는 결과이며 현대 기술사회에서는 특히 복잡한 현상이다. 개인이 잠재적으로 스트레스를 줄 만한 상황을 통제할 수 있는가 없는가는 그의 활동 능력에 심각한 영향을 미칠 수 있다. 스트레스에 대처하는 능력은 심신연구에서 상당히 중요하다.

사람은 정신적 · 생리적 방어 메커니즘을 결합하여 신체적 · 심리적 스트레스에 대응한다. 만일 스트레스가 지나치게 강하거나 방어 메커니즘이 부적절하면 심신장애 또는 다른 정신적 장애가 나타날 수 있다. 실제로 연구자들은 심장혈관질환과 'A유형'으로 명명된 행동유형을 보이는 사람들 사이에는 통계적인 연관성이 있다고 보고한다. A유형은 참을성이 없다든가, 시간적으로 쫓기는 느낌에 휩싸인다든가, 지나친 경쟁을 한다든가, 일과 관련된 마감시간에 지나치게 신경을 쓰는 등 생활양식 속에서 찾아볼 수 있다.

작가 이외수의 감성사전에서 스트레스는 "가슴 밑바닥에 침전된 불만의 찌꺼기를 연소하지 못할 때 생겨나는 유독성 폐기물"로 정의되어 있다. 신경을 날카롭게 만들고 정신을 피로하게 만들며, 만병을 불러들이는 근원이 된다. 다량으로 침전되면 자체 내에서 폭발할 위험성을 가지고 있는 것이 바로 스트레스다.

모든 경쟁의 과정에는 스트레스가 따르고, 모든 패배의 결과에는 스트레스가 증폭된다. 군자와 백치에게는 스트레스가 따르지 않는다. 능력 이상의 욕망을 가지고 있지도 않으며 어떤 경쟁에도 휩쓸림이 없기 때문이다. 뒤집어 말하면, 누구나 군자와 백치가 아닌 다음에야 스트레스에서 자유롭지 못하다는 말이다, 스트레스로 나타나는 가장 대표적인 현상이 불안, 고통일 것이다.

이러한 스트레스는 자살과 밀접한 관련이 있다. 여러 가지 생활 스트레스로 고통을 경험할 때, 이 스트레스를 자신의 힘으로 도저히 감당할 수 없다고 생각하고 있는 사람이 있다면 그 사람은 자살위험이 높다고 할 수 있다.

스트레스의 개념

스트레스라는 말은 본래 '팽팽하다, 좁다'라는 뜻을 가진 'strictus' 또는 'stringere'라는 라틴어에서 유래되었다. 이를 풀이하면 스트레스란 '정신적·육체적인 압박감'을 상징한다. 17세기에는 스트레스라는 말이 '어려움, 경제적 곤란, 역경, 고생'을 의미하였다고 한다. 그 후 18세기에 이르러 물리학과 공학에 도입되면서 '어느 고형 물체가 외부의 힘에 압도되어 물체 표면의 연속성을 잃게 된 상태'라는 뜻을 가진 전문용어로 쓰이기 시작하였다.

이러한 물리학적 용어를 정신 상태를 설명하는 의학적 개념으로 사용하기 시작한 것은 1936년 캐나다의 내분비학자인 한스 셀리에(Hans Selye)에 의해서이다. 이후로 '스트레스'라는 용어는 '외부 환경의 물리적·심리적·정신적인 압력과 내부를 보호하려는 사이의 균형이 깨져 나타나는 신체 및 정신적인 증상'을 의미하는 단어로 쓰이게 되었다.

이러한 스트레스는 불쾌 스트레스와 쾌-스트레스의 두 가지로 나눌 수 있다. 먼저 '불쾌-스트레스(distress)'는 대개 장기간 동안 만성적으로 지속되거나, 단기간에 갑작스럽게 감당하기 벅찰 정도로 미려와 심신의 균형을 깨뜨리는 스트레스를 말한다. 반면에 적당한 스트레스는 동기를 부여하고 심신을 활성화 하여 회복력이나 저항력을 길러주는 긍정적인 역할을 하기도 하는데, 이것을 '쾌-스트레스(estress)'라고 한다.

스트레스의 내·외적 원인

외부의 해로운 인지나 자극을 '스트레스원(stressor)' 또는 '유발인자(trigger)'라 하고, 이때의 긴장 상태를 스트레스라고 한다. 스트레스원은 외적 원인과 내적 원인으로 나눌 수 있는데, 대부분 자기 자신에 의한 내적 원인에 기인한다.

① 외적 원인

물리적 원인은 소음·빛·열·공간과 같이 우리 몸에 물리적인 영향을 미치는 자극을 말한다. 기온·온도 등이 변화하면 혈액 중의 임파구가 증감하는 것 같은 신체적인 반응이 나타난다. 시끄러운 환경이나 너무 폐쇄적인 공간, 너무 어둡거나 환한 것도 모두 스트레스의 요인이 될 수 있다.

화학적인 요인은 산소·영양소·약물과 같이 우리 몸에 화학적인 영향을 미치는 자극을 말한다. 즉, 공기 중의 산소나 이산화탄소의 농도, 그리고 식사량과 영양소의 균형 문제, 약물 섭취 등은 스트레스에 영향을 미치는 화학적 변수이다.

생물학적 원인은 세균이나 바이러스, 해충, 기생충과 같이 우리 몸에 생물학적인 영향을 미치는 자극을 말한다. 그러한 자극으로 인하여 발생한 질병도 스트레스의 원인이 될 수 있다.

사회적 원인은 스트레스를 일으키는 가장 중요한 원인 중 하나로서 친인척의 죽음, 실직, 승진, 이혼과 같은 생활의 큰 사건, 조직의 규칙·규정이나 직업에의 불만과 같이 일상에서 부딪칠 수 있는 모든 일들이 스트레스를 불러일으키기도 한다.

② 내적 원인

성격적 원인은 한 사람의 사고방식은 그 사람의 정신건강과 밀접한 관련이 있다. 만사를 비관적으로 생각하거나 자신감이 없는 사람이라면, 그렇지 않은 사람보다 스트레스를 많이 받는다. 또한 지나치게 비현실적인 기대감을 품거나 자기중심적이고 과장되고 경직된 사고를 하며, A형 및 완벽지향적인 성격을 갖고 있는 사람은 현실과 기대가 어긋났을 때 그만큼 좌절감도 크기 때문에 스트레스를 많이 받는다.

신체적 원인으로 신체와 정신은 밀접한 관계를 맺고 있다. 신체의 이상은 정신에 영향을 미친다. 지나친 업무나 학업, 혹은 불규칙한 식사, 불충분한 수면으로 피곤이 누적되어 컨디션이 좋지 않을 때에도 스트레스를 받는다.

스트레스에 대한 반응 단계

우리의 몸은 항상 안정된 상태를 유지하고자 한다. 그것은 자율신경계, 내분비계(호르몬계), 변역계 3개의 시스템이 있어서 항상성 유지(jomeostasis)를 보존시켜 주기 때문이다. 이 3개의 시스템이 뇌의 통제 아래 상호작용하면서 우리 몸의 안정을 유지해 주기 때문에 우리 몸은 스트레스에 노출된다 하더라도 스스로 적응할 수 있다. 예컨대 무서운 개에게 쫓기는 스트레스를 받을 경우에는 부신수질에서 스트레스 호르몬이 분비되는데, 그로 인해 자율신경의 교감신경이 흥분되어 우리 몸이 달아나기 좋은 상태로 변화한다.

이처럼 우리 몸은 그 나름의 적응체제를 갖추고 있기 때문에 어느 정도의 스트레스에는 견뎌 낼 수 있다. 그러나 강도 높은 스트레스를 지속적으로 많이 받는다면 우리 몸은 더 이상 그에 적응할수 없게 되고 만다. 우리의 몸은 스트레스를 받으면 다음의 3단계를 보인다.

① 경고 · 반응 단계
스트레스를 받을 때 가장 먼저 나타나는 반응 중 하나가 '깜짝 놀라는 것'이다. 깜짝 놀라는 것은 바로 우리 몸이 스트레스를 감지하고 경고를 하는 것이다. 이때는 교감신경계가 활성화되면서, 가슴이 두근거리며 호흡이 가빠지는 등의 쇼크 증상이 나타난다. 이와 같은 반응은 자극호르몬인 아드레날린이나 다른 호르몬이 혈중 내로 분비되어 우리 몸을 보호하려고 하는 반응으로, 위험에 대처해 싸우거나 그 상황을 피할 수 있는 힘과 에너지를 제공한다.

② 저항 단계
경고단계가 지난 후에도 계속 스트레스를 받게 되면, 우리 몸은 좀 더 적극적으로 저항을 하기 시작한다. 이 단계에서는 분신피질 호르몬 등 스트레스 호르몬이 분비되며, 혈압 상승, 고혈당, 체온 상승 등의 변화를 보인다.

③ 고갈·소진 단계

위와 같이 자극의 변화에 대하여 우리 몸이 스스로 적응하려고 노력을 하는데도 그 자극이 계속되거나 그러한 자극에 적응되지 않는다면, 결국 우리 몸의 에너지가 고갈되어 저항력이 떨어지게 된다. 따라서 이 단계에서는 심리적으로는 자포자기하거나 우울해지며 신체적으로는 여러 가지 증상이 나타나기 시작한다.

스트레스 자가 점검

스트레스가 쌓이게 되면 제일 먼저 다음과 같은 증상이 나타난다. 이러한 증상은 스트레스가 감당하기 어려울 정도로 쌓이기 시작했음을 경고하는 황색 신호이기 때문에 증상을 발견하는 즉시 현명하게 스트레스를 해소하고자 노력하여야 한다. 다음은 황색 신호에 대한 체크리스트이다.

① 신체적 증상

  □ 쉽게 피로하다.
  □ 이유 없이 머리가 아프다.
  □ 잠이 잘 오지 않거나 잠들더라도 깊이 잠들지 못한다.
  □ 목이나 어깨, 허리 등의 근육이 아프거나 경직된다.
  □ 심계항진이 나타난다.
  □ 가슴이나 배에 원인 모를 통증이 있다.
  □ 구역질이 난다.
  □ 손발이 차다.

□ 식은땀이 난다.

□ 얼굴이 이유 없이 붉어진다.

□ 감기에 자주 걸린다.

□ 성욕이 감퇴한다.

□ 악취가 난다.

② 정신적 증상

□ 집중력이나 기억력이 현저하게 떨어진다.

□ 마음이 공허하다.

□ 마음이 갈피를 잡지 못하고 불안하다.

□ 유머 감각이 떨어진다.

③ 감정적 증상

□ 이유 없이 불안하다.

□ 신경이 날카로워진다.

□ 우울하다.

□ 자신감이 없다.

□ 참을성이 없어진다.

□ 초조하다.

□ 웬일인지 마음이 무겁다.

□ 고독감이 뒤따른다.

□ 충실감이 없다.

□ 활력이 없다.

④ 행동적 증상

　□ 안절부절못한다.

　□ 손톱을 물어뜯거나 발을 떠는 등 신경질적인 습관을 보인다.

　□ 이유 없이 울거나 욕설을 하고 물건을 던진다.

　□ 먹고 마시는 것에 변화가 생긴다.

　□ 흡연량과 음주량이 증가한다.

	문항	응답
1	머리가 무겁다.	
2	눈이 피로하다.	
3	때대로 코가 막힐 때가 있다.	
4	어지럼증을 느낄 때가 있다.	
5	때때로 기둥을 붙잡고 서 있고 싶다.	
6	귀에서 소리가 들릴 때가 있다.	
7	때로 입안에 염증이 생길 때가 있다.	
8	목이 아플 때가 있다.	
9	혓바닥이 하얗게 될 때가 있다.	
10	좋아하는 음식을 별로 안 먹게 된다.	
11	식후 위가 무거워지는 것을 느낀다.	
12	배가 팽팽하거나 아프다.	
13	어깨가 아프다.	
14	등골이나 뼈가 아픈 경우가 있다.	

자살 · 가장 불행한 선택

15	좀처럼 피로가 없어지지 않는다.
16	최근에 체중이 감소했다.
17	쉽게 피로를 느낀다.
18	아침에 기분 좋게 일어날 수 없는 날이 있다.
19	일할 의욕이 생기지 않는다.
20	쉽게 잠들지 못한다.
21	꿈이 많거나 선잠을 잔다.
22	새벽 한두 시에 잠이 깨어 버린다.
23	갑자기 숨쉬기가 힘들어질 때가 있다.
24	때때로 가슴이 두근거릴 때가 있다.
25	가슴이 자주 아파 오는 경우가 있다.
26	자주 감기에 걸린다.
27	사소한 일에도 화가 난다.
28	손발이 찰 때가 많다.
29	손바닥이나 겨드랑이에 땀이 날 때가 많다.
30	사람 만나는 것이 귀찮아진다.

* 5개 이하 : 정상
* 6~10개 : 가벼운 스트레스 상태. 휴식, 운동, 오락을 통하여 스트레스를 풀어 주어야 한다.
* 11~20개 : 중증 스트레스 상태. 정신과에서 신체에 대한 종합검진을 받을 필요가 있다.

스트레스의 치료

'스트레스'라는 용어를 처음으로 사용하고 최초로 그 이론을 체계화한 셀리에(H. Selye)는 "스트레스로부터의 완전한 자유는 죽음(complete freedom from stress is death)"이라고 표현한바 있다. 이와 같이 모든 인간은 스트레스로부터 자유로울 수 없다. 우리나라의 학계에서는 성인병의 70%가 스트레스에 의한 것이라고 보고하는가 하면, 미국에서는 모든 질병의 70~90% 정도가 스트레스에 관련된 병이라고 추정하고 있다.

특히 스트레스는 직장인의 경우에는 더욱 심각한 문제가 되고 있다. 실증적인 조사 연구에 의하면 한국 직장인의 94.8%가 스트레스를 경험하고 있고, 일본의 경우는 88%, 미국은 78%가 스트레스를 호소한다고 한다. 직장인이 받는 스트레스의 이 같은 심각성 때문에 미국의 주간지인 『Newsweek』는 「직무스트레스(job stress)」라는 특집에서 한 광고회사의 조사 결과를 인용하여 "미국 직장인의 4분의 3이 직무스트레스를 느낀다."고 하면서 "직무가 우리를 죽이고 있다(jobs are killing us)."고 주장했다.

특히, 우리나라의 경우에는 급속한 경제성장의 추구 과정에서 직장인들은 더 많은 스트레스를 받을 수밖에 없었다. 한국 남자 40대와 50대의 사망률이 세계에서 가장 높다는 통계 보고는 이를 극명하게 보여 준다. 이처럼 직장인이 경험하는 직무 스트레스는 개인의 건강을 해치는 것은 물론, 결과적으로 조직에도 생산성 저하와 비용 증대 등의 부정적인 영향을 미쳐 심각한 사회문제가 되기에 이르렀다.

자살: 가장 불행한 선택

이러한 심리적 · 생리적 스트레스를 치료하는 데는 다양한 전략이 있다. 가벼운 스트레스는 운동과 명상으로 치료할 수 있으며, 심한 스트레스는 배후의 원인을 밝혀내고 처치하기 위해 심리치료를 필요로 한다. 바이오피드백으로 알려진 행동치료의 한 형태를 통해 환자는 자신의 내부 과정을 좀 더 잘 알 수 있으며, 그럼으로써 스트레스에 대한 신체의 반응을 어느 정도 통제할 수 있다. 때로는 환경이나 생활 조건의 변화가 치료 효과를 거둘 수도 있다.

스트레스의 예방

스트레스를 예방하기 위해서는 첫째, 스트레스를 긍정적으로 받아들여야 한다. 스트레스를 피해야 한다는 고정관념에서 벗어나서 스트레스가 자신의 종착역이요 끝이 아니라 하나의 과정이라고 생각하면, 전에 느낄 수 없는 힘과 의지를 가질 수 있다.

둘째, 스트레스 해소를 위한 호흡을 한다. 5분 동안 깊고 조용히 심호흡을 하라. 다섯을 세며 숨을 들이켜고 다섯 세고, 다섯 세며 내쉰다. 복식호흡이 좋다.

셋째, 스트레스 극복을 위한 이완훈련 및 명성을 한다. 이완훈련, 명상, 요가 같은 것은 스트레스를 해소하는 좋은 방법으로 익히 알려져 있다.

넷째, 걱정을 덜 수 있는 방법을 찾는다. 걱정을 덜 수 있는 방법에는 하루 중 걱정하는 시간을 따로 만들거나, 걱정이 사실에 바탕을 두고 있는지 살펴보거나, 더 이상 새로운 대안이 나오지 않으면 걱정을 그만두는 방식을 활용할 수 있다.

다섯째, 생각하는 방식을 바꿔 본다. 어떤 사건이나 상황 속에서 기분이 나빠질 때, 기분 나쁘게 만든 원인인 자신의 생각을 찾아내고 "증거가 있는지?", "내가 실수를 하고 있지는 않은지?"에 대한 답을 찾아본다.

여섯째, 대인관계에서 자기주장형 대화를 한다. 대화를 공격형, 수동형, 자기주장형의 세 가지로 나눌 수 있는데, 그중 스트레스를 예방하는 데 도움이 되는 자기주장형은 자신의 의견과 감정, 욕구를 명확하게 표현하지만 상대방의 감정을 해치지 않는 대화법이다.

일곱째, 운동을 통해 스트레스를 해소한다. 운동은 스트레스를 해소하고 미래의 저항성을 키워 나가는 투자이다. 이러한 운동은 즐겁고, 무리하지 않게 해야 한다. 운동일지를 쓰면서 운동 진행 일지를 기록해 나간다.

여덟째, 시간 관리를 통해 스트레스를 줄인다. 일의 최우선 가치를 정하고 그에 따른 세부계획을 세워 실천해 나간다면 스트레스를 줄일 수 있다. 시간 관리에 실패하면 끊임없이 바쁘고 의욕이 감소하며 생산성이 떨어진다.

아홉째, 유머와 웃음을 잃지 않는다. 유머와 웃음은 생리적으로는 근육긴장 완화, 호흡기능과 혈액순환 촉진, 면역기능 증진과 소화 촉진의 기능을 한다. 또한 심리적으로는 스트레스 반응이 완화되고, 정신기능이 증진되며 행복감과 유익한 대인관계를 형성하게 한다.

열째, 생활의 리듬을 만든다. 30분 정도가 소요되는 어떤 즐거운 일상을 개발하여 매일 같은 시간에 그 일을 하도록 한다. 예컨대, 새벽마다 산책하고 식사하고 출근하거나 매일 저녁 샤워하고 20분간 음악을 듣는다.

그리고 마지막으로, 상담자나 정신과 의사와 상담하는 것도 원인 분석과 힘을 회복하는 데 좋다.

☞ 분노 관리 ☜

얼마 전, 차를 운전하고 지나갈 때 였다. 갑자기 골목에서 중형승용차 한 대가 쏜살같이 나오는 것이었다. 급브레이크를 밟아 다행히 안전하게 피할 수 있었다. 내가 잘못한 것이 없기 때문에 미안하다는 표시만 보여 주면 지나갈 생각이었다.

그런데 갑자기 건장한 남자가 차에서 내리고 이렇게 말하는 것이다. "차를 타고 다니면서 다른 차를 살펴보지도 않아! 내려와! 한번 붙자." 이 말은 내가 한마디도 하지 못한 상황에서 일방적으로 당한 말이다. 내 안에 분노가 일기 시작했다.

"그래, 소형차 몰고 다닌다고 업신여기는 거냐? 내가 직진이고 너는 골목에서 조심성도 없이 튀어나왔는데 말이야! 당신 싸움꾼이냐? 무조건 치고 박는 게 직업이야?" 이 말은 즉시 나온 것이 아니라 차를 몰고 지나간 후 한참이 지나 화가 나서 스스로 한 말이었다.

"에이, 목사만 아니었다면! 저런 썩어빠진 정신을 가진 사람은 가만두지 않았을 텐데…….”라고 생각하면서 화가 풀리지 않았다. 서로 화를 내고 해결했다면 분노가 쉽게 가셨을 텐데 '목사'라는 틀 때문에 말 한마디 못하고 온 것이 두고두고 분노를 가지게 한 것이었다.

사실 그리스도인들은 화평케 하는 자(Peace Maker)로서의 삶을 살아가야 할 의무가 있기 때문에 오히려 이런 상황 속에서 화를 내지 못하여 자기 속에 분노를 쌓아 둘 때가 많다. 그렇다면 화를 참아야만 하는가? 아니면 분출해야 하는 것일까? 사실 분노는 누구에게나 있고, 화가 나는 것은 정상적인 감정이다. 문제는 화가 나는 것을 참아서 무의식 속에 억지로 넣느냐 아니면 바로 화를 내느냐에 대한 차이이다. 사실 화나는 것을 참는 것이 미덕이라고 생각해 온 것은 사실이다. 우리 민족에게 있어서 특히 화를 내는 것은 커다란 악행이라고 여겨 왔다. 그래서 공공연하게 “벙어리 3년, 귀머거리 3년”이라는 말이 미담처럼 전해져 내려왔다.

이런 사회구조의 영향으로 유독 우리나라에서만 '화병'이 있다고 한다. 화가 나는데 계속 참아서 결과적으로 가슴이 뛰고 손이 떨리며 밥맛을 잃게 되는 병이라고 한다. 그러므로 당연한 감정을 숨기려고 하는데 문제가 생긴다. 분노는 정당한 감정이다. 따라서 드러내고 해결책을 살펴보는 것이 중요하다.

스트레스는 걱정, 좌절, 충족되지 않는 욕구, 신체적 고통이나 불편함, 마감 시간을 앞둔 초읽기 등에 의해 유발된다. 이 스트레스는 생리적 각성, 즉 긴장을 유발하게 되고 분노가 이 생리적 각성을 방출하여 일시적으로 스트레스를 감소시키는 기능을 한다.

자살, 가장 불행한 선택

그러나 분노가 더 큰 분노를 불러 일으키고, 스트레스를 해소하기 위하여 분노에 탐닉하면 다음에는 더 쉽게 화를 내게 되어 통제가 더 어려워진다.

분노의 대상자에게는 상처를 주어 방어적이 되게 할 뿐만 아니라, 상대의 반격을 받게 될 수도 있다. 그리고 분노의 상대자는 사람의 욕구와 감정에 더 무감각해진다. 분노는 일시적으로 스트레스를 해소하는 데 좋은 전략일지 모르지만, 이렇듯 부메랑이 되어 돌아온다. 결국 분노는 나중에 상처 난 관계를 회복시키는 데 비싼 대가를 치르게 된다. 따라서 이 장에서는 분노의 개념을 이해하고 분노를 조절하는 방법에 대해 고찰해 보기로 한다.

분노의 정의와 이해

분노는 모든 사람들이 경험하는 기본적인 정서로, 분노의 감정은 상처·좌절·위협·상실 등에 대한 자연스러운 감정이며 정상적인 반응이다. 다만 분노의 감정은 공격적이고 자기 파괴적인 결과를 초래하기 쉽기 때문에 문제가 된다. 분노의 감정을 느낄 때마다 억제하지 못하고 수시로 공격성을 보일 경우, 상대방은 적개심이나 복수심을 갖게 되고 결국은 자신에게 그 대가가 돌아오게 된다.

그러나 분노의 감정이 야기하는 파국적인 결과가 위협적이며 위험하다는 생각 때문에 지나칠 정도로 분노를 억압하는 경우가 있다. 억압이나 부정이 너무 심해 자신이 분노하고 있다는 사실을 인식하지 못하는 경우도 많은데, 이러한 경우 우울증·불안증 · 공포증 · 강박증 등 정신과적 질환뿐 아니라 당뇨, 위 · 십이지장 궤양, 고혈압, 협심증, 동맥경화증, 뇌졸중, 성기능장애 등 많은 신체 질환을 앓는 경우가 많다.

결국 분노는 너무 격렬하며 쉽고 자유스럽게 표출하는 경우, 또 반대로 지나치게 억압되어 자연스럽게 표현하지 못하는 두 가지 경우 모두 파괴적이며 병적인 분노라고 볼 수 있다. 이 둘 사이의 균형을 잘 유지해 주는 것이 건강한 분노라 할 수 있다.

따라서 분노를 건강한 방향으로 표출해야 하는데 그린버거와 패테스키(Greenberger & Padesky, 1995)는 분노를 건강하게 표현하는 사람들은 다음과 같이 7가지 공통적인 생각을 하고 있음을 밝혀냈다.

• 분노는 일상생활의 정상적인 일부분이다.
• 분노는 나의 개인적 삶 속에서 주목해야 할 진지한 어떤 문제가 생겼다는 신호다.
• 모든 사람들은 일상생활 속에서 화가 나는 일을 많이 경험하게 된다. 다만 어떤 행동을 선택하는가 하는 것이 문제다. 내가 그럴 능력이 있다는 이유만으로 무조건 화낼 필요는 없다.
• 분노는 적당히 표현될 수 있는데, 그렇게 해야 통제력을 잃는 일이 없다.
• 건강한 분노는 감정 표현이 아니라 문제 해결에 초점을 두어야 한다.
• 분노는 상대방이 이해할 수 있게 명확히 기술할 수 있다.

- 분노는 일시적인 것이다. 일단 문제가 해결되면 분노를 버릴 수 있어야 한다.

다음은 분노와 공격성에 대한 연구 결과를 11가지로 정리한 것이다.

- 공격성은 좌절에 대한 반응이다.
- 공격성은 어린 시절 가족과의 관계 등 환경 속에서 경험적으로 학습된 문제해결 기술이다.
- 분노와 공격성은 종교, 민족 및 문화적 영향을 많이 받는다.
- 폭력은 자신에 대한 강한 무가치감 및 무능력감을 극복하기 위한 방법 중의 하나이다.
- 분노는 자신에 대한 정체감과 관련되어 있다.
- 사람들은 위협, 불안, 분노의 경험을 다른 것보다 비교적 잘 기억한다.
- 우울과 분노감이 큰 사람들은 행복과 불행을 결정짓는 것이 자신의 의지가 아니라 외부적인 사건이라는 비합리적인 생각을 강하게 가지고 있는 경우가 많다.
- 분노가 강한 사람은 그것이 자신이 처한 환경이나 다른 사람의 감정 탓이라고 생각한다.
- 우울증 환자의 경우 갑자기 폭발적인 공격성을 보이는 경우가 있다.
- 공포, 분노와 우울증은 서로 연관되어 있다.

• 분노와 적개심, 또 분노와 폭력은 왕왕 서로 동반되어 나타나는 경우가 있지만 분명히 다른 개념이므로 명확히 구분해야 한다.

분노 표현 방식

분노표현 방식은 분노 통제, 분노표현, 분노억제의 방식이 있다 (Spielberger, 1983).

먼저, 분노표출은 화가 나면 이를 겉으로 드러내는 것을 말한다. 화난 표정을 지어 보이는 것, 욕하는 것, 말다툼이나 과격한 공격행동을 보이는 것이 이에 해당한다.

둘째로, 분노억제란 화는 나 있지만 이를 겉으로 드러내지 않는 것을 말한다. 화가 나면 오히려 말을 하지 않거나 사람을 피하고 속으로만 상대방을 비판하는 경우가 이에 해당한다.

마지막으로, 분노통제란 화가 난 상태를 지각하고 감독하면서 화를 진정시키기 위해 다양한 책력을 구사하는 것을 말한다. 냉정을 유지하고 상대방을 이해하려고 노력하는 것이 대표적인 예이다. 분노표출과 분노억제는 역기능적인 분노표현 행동인 데 반해, 분노통제는 기능적인 분노표현 행동으로 분류된다.

분노의 관리

분노의 관리란 분노를 지배 · 조절하고 관리하는 것을 말한다. 상대편을 해치거나 사물에 손상을 주지 않고도 분노로 인한 신체적 · 심리적 불균형 상태로부터 다시 평안을 회복시키는 것을 말한다. 결국 분노상황에서 자신이 진정으로 원했던 것을 달성하게

자살 · 가장 불행한 선택

하는 반응을 말한다.

분노를 조절하기 위해서는 문제를 해석하고 다루는 인지적 문제해결 능력이 있어야 하고, 다른 사람과 관계를 맺고 자신을 표현하는 사회적 기술이 있어야 하며, 타인의 입장 및 감정을 이해하고 느끼는 공감능력이 필요하다.

① 자신의 분노 파악하기

자신이 가진 분노의 성격, 내용, 원인, 어린 시절에 겪었던 경험과의 연관성 등을 명확히 파악하는 것이다. 분노에 관련된 자신의 문제점을 찾는 데 다음과 같은 질문이 도움이 된다.

- 어떤 유형의 사람, 상황, 사건이 화를 나게 하는가?
- 어린 시절 화를 낼 때 어떤 방식으로 화를 내라고 배웠는가? 또 그때 부모님과 주변 사람들의 반응은 어땠는가?
- 분노를 표출하는 것에 대해 나는 어떻게 생각하고 있는가? 다른 사람들에게 화를 내는 것에 대해 어떻게 생각하는가?
- 나는 화를 낼 때 어떤 방식으로 표현하는가? 공격적인가? 자기주장을 제대로 내세우는가? 불평불만을 내뱉는가? 반항적인가?
- 화를 내지 않고 다른 방법으로 문제를 해결하는 방식은 없는가? 그런 다른 방식이 가능하다는 것을 알면서도 자꾸 화를 내게 된다면 왜 그런가?
- 내가 화를 냄으로써 얻은 이득은 있는가? 반대로 손해 본 일은 없는가?

② 분노에 관련된 자기신념의 인지적 오류 파악 및 재구성

분노의 감정을 느끼는 것은 다른 사람들 때문이 아니라 자기 자신이 가진 어떤 신념 때문이므로, 그 잘못된 신념을 재구성해서 분노를 다스릴 필요가 있다.

분노를 억제하는 사람들이 흔히 가지고 있는 인지적 오류

- 내가 화를 내면 분명히 다른 사람을 파괴시킬 것이라고 믿는다.
- 나는 다른 사람에게 괜찮게 보여야 하며, 화내는 것은 나쁘고 부적절하다고 인식한다.
- 자신의 감정을 통제할 수 없을 것이라고 생각한다.
- 내가 화를 내면 상대방에게 거절당하는 것이라고 부정적인 인식을 한다.
- 내가 화를 내면 파괴적인 결과를 초래할 것이라고 인식한다.
- 내가 화를 내면 상대방이 보복할 것이라고 인식한다.

과도하고 공격적인 분노를 보이는 사람들의 인지적 오류

- 낙인 : 상대방이 다소 게으르면 "무책임한 인간 말종"이라는 식으로 모든 일에 꼬리표를 붙이거나 딱지를 붙인다.
- 흑백논리 : 어떤 일이나 사람에 대해 모두 좋거나 모두 나쁜 면만 있다고 극단적으로 보는 흑백논리적으로 인식한다.
- 확대된 감정적 추론 : 자신이 어떤 분노의 감정을 느끼면 분명 그럴 만한 이유가 있다고 추론해서 생각한다.
- 당위적 진술 : '~해야만 한다'는 것으로, "세상은 공평해야만

한다.", "내가 원하는 것은 반드시 얻을 수 있어야 한다."는 식의 당위적 생각을 갖는다.

③ 분노의 초기 신호 발견하기

분노가 파괴적인 쪽으로 움직여 가는가를 말해 주는 초기 경고신호가 있어 이를 인식하게 된다면, 분노를 좀 더 건설적으로 사용할 수 있다. 분노의 초기 신호로는 어질어질한 느낌, 몸 떨림, 근육 긴장, 이를 악물게 됨, 가슴이 답답하고 막히는 느낌, 얼굴이 달아오름, 소리 지름, 주먹 쥠, 사실이 아닌 말을 하게 됨 등이 있다. 이러한 경고 신호를 자각하게 될 경우, 잠시 멈춰서 다음에는 어떻게 할 것인지를 생각해 볼 수 있다.

④ 타임아웃 기법

분노를 조절하기 힘든 상태에 이르고 있다는 초기 신호들이 나타날 때, 그 상황에서 잠깐 벗어나 다시 생각해 보는 여유를 가지는 것이다.

- 스톱! : 우선 하던 대화나 행동을 멈추고 '스톱!' 혹은 '그만!'이라고 결심한다. 그리고 그 문제와 관련하여 내가 지금 화가 나 있다는 사실을 알린다. 문제 해결을 위한 타임아웃을 가지거나 당분간 그 문제에서 떨어져 시간과 여유를 가질 필요가 있다. 상대방과 소득 없이 싸우지 않기 위해 문제 상황에서 일단 벗어난다.

- 생각해 보기 : 현 상황을 타개하기 위해 바람직한 다른 방법이 없는지 생각해 본다. 분노반응과 관련된 신체 반응 정도를 감소시킨다. 차분히 다른 사람의 의견에 열린 마음으로 임해 보도록 한다.
- 행동해 보기 : 위에서 생각한 것이 합리적인 해결책이라면, 실제 행동에 옮겨 보자. 자신이나 남에게서 문제를 일으킨 요인이 있다면 기꺼이 인정한다. 문제를 함께 의논하고 해결하도록 상대방과 합의를 위해 노력한다.

⑤ 감정의 강도에 따라 적절한 분노 표출법

자신이 느끼는 분노의 강도가 어느 정도인지 구분하고, 그 정도에 따라 적절한 표출법을 평상시 생각해 보고 익혀 두는 것이 분노 조절에 도움이 된다.

- 너무 화가 난 경우 : 베개를 내던지거나 내려친다거나 소리를 지른다거나 발을 쾅쾅 구른다든지 하는 신체적인 행동을 보이는 것이 좋다.
- 중간 정도 수준으로 화가 난 경우 : 화를 유발한 사람과 직접 대화를 하기보다는 제3의 인물과 대화를 나누는 것이 좋다.
- 경미한 수준의 화가 난 경우 : 호흡법이나 근육이완법, 1~10까지 천천히 세어 보거나, 직접 대화를 시도해 본다.

⑥ 자기주장하기

분노를 표현할 때 지나치게 억누르고 수동적인 것도, 반대로 공격적인 것도 좋지 않으며, 적절한 수준의 자기주장을 하는 것이 분노 조절에 도움이 된다. 예를 들면 "당신은 날 화나게 만들었어."라는 말보다 "~ 할 때 내가 정말로 화가 났어."라는 식으로, 나를 주체로 반응하고 말하는 것이 더 낫다.

⑦ 용서하기

분노를 표출한 후, 가능하다면 앙금을 털어 모든 일을 잊고 좀 더 발전된 관계로 진전시키는 것이 가장 바람직하다. 만약 정도에 지나치게 화를 냈다면 미안하다고 말한다. 상대방의 입장에서 생각해 보고 이해하도록 노력해 본다.

⑧ 기타

평상시 호흡법이나 근육이완법을 익혀, 필요할 때 분노를 완화시키는 것이 도움이 된다. 또한 부부치료, 인지치료, 정신분석치료 같은 전문적인 치료를 받는 것도 좋은 방법이다. 그러면 자신이 인식하지 못하고 있던 태도, 신념, 무의식적 사고나 감정 등을 인식하게 됨으로써 자신이 가진 분노에 대해 깊은 통찰을 가질 수도 있고 분노 조절에도 도움이 된다.

THEMA 08

분노적 충동으로 인한 자살

분노적 충동으로서의 자살은 순간을 견디지 못하는 것이다. 분노는 자기 파괴적 행동을 유발한다. 물론 분노는 현상적으로는 순간을 견디지 못한 것으로 보이지만, 실제로는 오래도록 분노를 쌓아 온 결과다. 이 경우 분노는 강력한 화산이 폭발하는 것과 다름없다. 마음 속 불만이 누적돼 어느 시점에서 강력한 폭발을 일으켰기 때문이다. 그런 이유로 분노적 충동으로서의 자살은 분노를 유발하는 강도가 그 자신을 사로잡을 정도로 커진 결과다. 이런 상황에서는 자신이 분노를 조절하는 것이 아니라, 분노가 그를 조절한다.

우리는 때로 홧김에 자살했다는 얘기를 듣는다. 힘들게 1년간 농사를 지었는데 가격이 폭락했을 때, 그것을 추수하지 않고 트랙터로 갈아엎어 버리는 농부를 종종 본다. 추수하려고 일꾼들에게 주는 품삯이 더 든다는 항변이다. 그런 농부들의 심정을 우리가 어떻게 헤아릴 수 있을까? 그들의 표정은 가득한 실망감과 함께 정책을 입안하고 실행하는 정치가들에게 분노하고 있다. 그것이 심각해지면 농약을 마시고 자살하는 형태로 나타나곤 했다. 도저히 상황을 바꿀 수 없다는 절망감에서 일어난 자살이지만, 속에서 강하게 일어나는 분노적 충동을 제어하지 못한 결과로 죽음을 맞이한 것이다.

분노적 충동을 자극받으면 판단력이 흐려진다. 판단력이 흐려지는 상황에서는 사실의 옳고 그름을 따지기보다는 부정적인 감정에 강하게 휩쓸린다. 더구나 분노는 그 특성상 원한을 품게 만들고, 원한을 품으면 종종 자신에게 가해진 잘못을 방어하거나 공개적으로 비난해야 한다고 느낀다.

그런가 하면 원한의 대상을 두려워해 회피하는 경향이 있다. 더 깊은 원한의 표현으로 복수하고 싶은 심리인데, 이는 자신이 가진 어떤 것을 상실한 데 대한 이차적인 고통 및 분화와 연관된다. 이런 점에서 심리학에서는 분노에 대해 "공격적이고 파괴적인 특성의 부정적인 감정"이라고 정의 내린다.

분노는 대개 상대방이 자기 요구의 실현을 부정하거나 저지하는 것에 대한 저항의 결과로 표출된다. 그러므로 타인의 말이나 행동에 자아의 안정이 무너지거나 위협받는다고 판단하면 일어난다. 이런 측면에서 분노적 충동은 맹목적 공격이나 파괴 충동이 아니라, 자신의 기대나 욕구도 무너진다는 판단에서 시작된다. 그러나 분노는 상대방이 자신을 무시해도 무시하는 당사자보다 자신이 우위에 있다는 확신이 있고 자아가 손상되지 않았을 때는 일어나지 않는다. 대신 지나친 분노감이 극단적인 행동을 불러일으킨다.

"사람은 자신이 갇힌 감옥의 문을 열고
달아날 권리가 없는 죄수이다.
그는 신이 부를 때까지
스스로 목숨을 끊지 말고 기다려야 한다."

_플라톤

자살 예방을 위한
여러 가지 방법들

　자살의 위험요인은 여러 가지로 나타나지만, 그 바탕은 자존감 (Esteem) 저하에 있다. 스스로의 존재 가치를 저하시키는 일 때문에 유발되는 현상이라는 것이다. 자신의 자존감, 즉 존재의 가치감이란 생각하기에 따라 다르다. 어떤 일을 실패해서 자존감이 낮아지는 것도, 원하던 대로 이뤄지지 않았다고 저하되는 것도 아니다. 이런 경우, 오히려 심기일전하는 기회로 삼을 수 있기 때문이다.

　실패했기에 더욱 노력해서 기어이 성공으로 이끌 수 있고, 바라던 대로 이뤄지지 않았기에 이를 이루기 위해 노력하다가 새로운 경험도 얻는다. 이들의 문제는 심리적 부정성(Negativity)에 있다. 평소에 부정성이 많은 사람들은 그 상황을 긍정적으로 바라보거나 생각해서 노력할 정도의 정신적 에너지가 이미 고갈된 상태다. 그러므로 어떤 경우에도 부정적이 되지 않도록 자신의 마음을 가꿔야 한다.

결국 자살 예방을 위해서는 규칙적인 생활과 긍정 에너지 축적으로 힘을 키워 나가야 한다. 그러기 위해서는 첫째, 매일 규모 있는 생활을 해야 한다. 욕심을 부리지 말고 분수에 넘는 생활을 하지 말아야 한다. 자신의 능력 이상으로 빚을 지거나 무리하게 사업을 시도하거나 확장하는 일과, 특히 일확천금을 노리는 도박이 없어야 한다.

둘째, 긍정 에너지를 축적해야 한다. 누구라도 부정 에너지를 축적하면 자신도 모르게 언젠가는 폭발한다. 그것이 바로 자살이라는 극단적 행동으로 나타나는 것이다. 부정 에너지는 특성상 상황이나 사건에 반드시 정상적이 아닌 부정적으로 대응한다. 이때 가장 두드러지는 것이 바로 분노다. 분노는 자신을 파멸하게 만드는 근본적인 악이다. 이런 악의 세력에 휘둘리면 누구도 감당하기 어려운 수렁으로 빠져들 수밖에 없다. 그런 점에서 자신을 위해서라도 사회생활을 매우 긍정적으로 할 필요가 있다.

셋째, 자살하는 사람을 비판하지 말고 이해해야 한다. 우리는 자살한 사람을 마땅히 사랑의 마음으로 그들을 이해해야 한다. '얼마나 힘들었으면 자살했을까'를 생각하면, 유가족들에게도 좋은 위로가 될 것이다. 어찌할 수 없었던 점을 인정하고 더 힘을 내어 열심히 살도록 격려하는 것이 바람직하다.

특히 우발적 행동을 취하기 쉬운 청소년들에게 더 관심을 갖고 지켜볼 필요가 있다. 이들은 충동성이 강해 우발적인 행동으로 주변을 놀라게 만들기 때문이다. 그런 점에서 잘못했더라도 너무 심하게 꾸중하지 말아야 한다고 당부하고 싶다. 스트레스와 부정성이 가득한 청소년들은 그것이 자극이 돼 우발적으로 극단적 행동을 취할 위험이 높다는 사실을 명실하길 바란다.

자살을 예방하는 데는 이러한 개인적인 노력도 필요하지만, 좀 더 체계적이고 전문적인 노력이 요구된다. 자살 예방의 치유법에는 웃음치료법, 울음치료법, 놀이치료법, 미술치료법, 모래치료법, 음악치료법, 레저치료법, 신앙치유법, 요가치유법, 명상치유법, MBSR, NLP치유법, 최면치료법, 연극치료법 등 여러 가지가 있다. 이 장에서는 자살을 예방하기 위한 치유법으로, 상담과 심리 치유법, 뇌파 치유법, 운동 치유법, 영양 치유법, 향기 치유법, 약물 치유법의 여섯 가지 치유법을 상세히 소개하고자 한다.

자살: 가장 불행한 선택

❧ 상담과 심리 치유법 ❧

심리학이란 인간의 행동과 정서적 체험을 연구하는 학문으로 인간의 행동을 기술, 설명, 통제하려는 목적을 담고 있다. 상담과 심리 치유법(Counseling & Psychological Healing)은 이러한 심리학을 기초로, 내담자가 현재의 문제 상황에서 벗어나 원하는 목표 상태에 도달할 수 있도록 치료적 개입을 통하여 도움을 주는 과정을 말한다. 심리치료는 신체적 정신적 증상으로 내담자가 고통을 받고, 그에 따라 정상적인 생활에 지장에 초래될 때, 즉 임상적으로 의미가 있을 때 이루어진다.

상담심리학이란?

상담 및 심리치료 이론과 실제적인 상담 활동을 통하여 교육 및 지역사회 산업현장에서 고통을 겪는 사람들의 적응을 도와주는 것에 관심을 지닌 분야이다. 이를 위하여 상담 및 심리치료이론, 성격심리, 발달심리, 심리검사, 사례연구, 행동수정 등과 같은 상담수행을 위한 이론적 학습을 토대로 개인 및 집단상담의 기법, 심리진단 및 평가, 사례분석 등의 실제 활용기법 실습을 병행하여 다양한 상담 영역에서 적용할 수 있도록 한다. 그리고 교육현장 및 기업 사회 상담기관에서 상담관련 연구를 수행할 수 있도록 통계적 방법 및 연구능력을 습득하게 한다.

심리치료 과정에 대한 개념은 미국 오하이오 주립대학교 임상심리학 교수 Rogers가 1956년 APA로부터 학술공로상을 수상한 논문에 등장한다. 내담자가 치료적 분위기를 경험할 때 내담자가 성격 변화가 생기는데, 그 단계별 경험은 7단계로 나뉘고 서로 다른 질적 특성을 보인다. 치료를 통한 긍정적 과정을 요약하면 다음과 같다.

1단계 : 감정과 개인적인 의미로서 자신의 감정을 자각하는 정도. 감정이 일어나는 순간에 표현할 수 있는 정도. 즉시성, 자기감정을 소유하는 정도에 대한 자각 정도.

2단계 : 경험 방식으로서 내적 경험을 행동에 참조할 수 있는 정도.

3단계 : 불일치의 정도로서 내적인 것을 감추기 위한 역할을 수행하고 연극을 하는 것.

4단계 : 자기에 대한 의사소통.

5단계 : 경험이 구성되는 방식으로 관찰된 것을 설명하기 위해 머릿속에서 만들어 내는 개념. 그 방식이 유연한가 또는 경직되었는가?

6단계 : 문제와의 관계로 문제의식의 정도. 문제를 내적인 것, 외적인 것으로 보는 정도.

7단계 : 관계 방식으로 친밀한 관계에 대한 태도.

Rogers 교수는 내담자가 보이는 태도를 기초 7단계로 구분한 것이며, 치료적 분위기가 모든 것을 변화시킨다는 것을 밝혀냈다는 점에서 가치 있는 연구라고 할 수 있다. 이러한 단계는 변화의 과정에서 나타나는 특징적인 요소들을 설명하고 있다.

상담 관계 형성의 기술

상담을 하기 위해서는 우선 관계를 형성할 필요가 있다. 이러한 상담 관계 형성의 기술에는 관심 기울이기, 적극적 경청, 공감적 이해, 수용, 반영, 재진술, 다른 말로 표현해 주기 등이 있다.

① 관심 기울이기(SOLER)

관심 기울이기는 상담자가 신체적으로나 심리적으로 내담자와 함께 할 수 있는 방법을 말한다.

S : 내담자를 바로(squarely) 바라본다.

O : 개방적인(open) 자세를 취한다.

L : 이따금 상대방 쪽으로 몸을 기울인다(lean).

E : 좋은 시선 접촉(eye contact)을 유지한다.

R : 평안하고(relaxed) 자연스러운 자세를 취한다.

② 적극적 경청

상담에 있어서 가장 기본이 되면서 중요한 것은 내담자의 말을 주의 깊게 귀담아 듣는 태도이다. 내담자의 말을 잘 듣지 않고는 그의 현재 감정과 의사를 이해할 수 없기 때문이다. 그러므로 상담을 할 때 내담자에게 관심을 보이는 것도 중요하나, 더 중요한 것은 내담자가 하는 이야기의 내용이나 감정을 적극적으로 경청하는 것이다.

적극적 경청이란, 내담자가 이야기하는 내용을 파악함은 물론 상대방의 음성에서 나타나는 섬세한 변화를 알아차리고 저변에 깔려 있는 의미와 감정을 감지하고 나아가서 알아듣는 것이다. 이러한 적극적 경청은 언어적 내용의 경청과 비언어적 내용의 경청으로 구분할 수 있다.

언어적 내용의 경청

경험 : 자신에게 일어난 사건에 대해 많은 시간을 이야기한다. 예를 들면 내담자가 직장에서 부당 해고를 당한 경험을 이야기한다.

행동 : 자신이 무엇을 했는지 아니면 어떤 것을 피했는지 말한

다. 예를 들어, 직장에서 해고를 당하고 알코올에 의존되었다고 이야기한다.

정서 : 경험이나 행동으로 야기되었거나 관련된 감정과 정서에 대해 말한다. 예를 들어, 내담자가 직장에서 해고되고 심하게 우울해지고 자살충동까지 들었다는 이야기를 한다.

비언어적 내용의 경청

· 자세, 몸의 움직임, 제스처와 같은 신체적 행동
· 미소를 짓거나 미간을 찌푸리거나, 눈썹을 치켜세우거나, 입술을 삐죽 거리는 등의 얼굴 표정
· 목소리의 톤, 음률의 고저, 어조, 강약, 억양, 단어 띄우기, 강조, 쉼, 침묵, 말의 유창함 같은 음성 관련 행동
· 가쁜 숨, 일시적인 발진, 얼굴 붉힘, 창백함, 동공확대와 같은 자율신경계에 의한 관찰 가능한 생리적 반응
· 건강, 키, 몸무게, 안색과 같은 신체적인 특징

상담자가 내담자의 내면적인 심리에만 초점을 맞춘다면 내담자가 처한 사회적 환경으로부터 그녀를 분리시키는 결과가 된다. 따라서 내담자가 처한 상황을 경청하고 이해할 필요가 있다. 경청하는 데 있어서 장애물이 되는 요소에는 상담자의 내적 갈등, 선입견, 여과된 경청, 평가적 경청, 리허설, 동정적 경청, 끼어들기 등이 있으니 유의해야 한다.

③ 공감적 이해

공감은 상담자가 내담자의 세계에 대해 이해한 내용을 전달하는 기술이다. 공감은 자신이 직접 경험하지 않고도 다른 사람의 감정을 거의 같은 내용과 수준으로 이해하는 것이다. 공감은 내담자로 하여금 자신이 이해받고 있다는 느낌을 갖게 되며, 상담자를 더욱 신뢰하게 되어 자신을 깊이 드러내 보인다. 공감적 이해가 없으면 인간의 생존이 불가능한 심리적인 영양소와도 같다.

공감적 이해는 위기에 처한 내담자의 이야기를 잘 경청하여 내담자 가 느끼고 있는 정서를 세심하게 이해하는 감수성 차원과 상담자가 잘 느끼고 있음을 전달하는 의사소통 차원이 있다.

기본적 공감의 공식은 "~ 때문에 (또는 ~ 할 때) ~ 한 느낌이군요."이다. 이를 가능하게 하기 위해서는 특정 감정을 느끼게 한 정확한 경험과 행동을 지적하고, 내담자가 드러낸 정확한 정서를 가리켜야 한다.

내담자의 정확한 정서와 그 강도에 따라 "당신은 ~라고 느끼는군요."라고 반응할 수 있다. 예를 들어, 내담자가 2년 동안 찾아다니던 직장을 구했다고 말했을 때, 상담자는 아래와 같이 다양한 방식으로 전달할 수 있다.

· 하나의 단어 : 정말 기쁘겠습니다.
· 서로 다른 구 : 공중에 뜬 것 같겠습니다.
· 행동적 진술 : 어디 나가서 한잔해야겠습니다.
· 경험적 진술 : 당연히 얻어야 할 것을 드디어 얻었다고 느끼겠

군요.

여기에서 주의해야 할 점이 있다. 바로 부적절하게 공감을 흉내 내는 것이다. 무반응, 주의를 분산시키는 질문, 상투적 어구, 해석, 충고, 되뇌기, 동정 및 동의 등은 상담을 하는 데 있어서 피해야 할 부적절한 공감 흉내이다. 한편, 공감을 전달하는 전략은 다음과 같다.

· 생각할 시간을 가진다.
· 반응은 짧게 한다.
· 내담자에 맞게 반응을 하되, 자기 자신을 지킨다.

④ 수용

수용이란 내담자를 현 상황 그대로의 인격적인 인간으로 받아들임으로써 그의 표현에 비판을 하지 않는 것을 말한다. 무비판적일 때 내담자는 이야기를 계속할 수 있다. 그러나 이것이 동의를 뜻하는 것은 아니다.

수용의 의미는 비소유적 존중(분리된 인격체로 인식, '나와 너'의 인격적인 관계), 무조건적 긍정적 존중(긍정적 측면뿐 아니라 부정적 측면 수용, 선·악, 호·불호에 상관없이 상대방을 하나의 '전체'로 받아들임), 온정 어린 배려(푸른 새싹이 움트듯 따스한 관계, 내담자의 성장에 거름으로 작용함)를 말한다.

예를 들면, 상사와의 갈등을 경험하고 있는 사람에게 상사의 비위를 맞추라고 충고하기보다는 내담자의 열등감, 비난, 좌절, 적개심, 원한 등을 정성껏 들어 주고 비판하지 않고 있는 그대로 수용함으로써 자신을 새롭게 인식하는 계기를 만들어 주는 것이다.

⑤ 반영

반영은 내담자가 표현하는 언어적 메시지의 핵심을 거울처럼 비추어 주는 기술을 의미한다. 즉, 내담자의 말에서 표현된 기본적인 태도, 주요 감정의 내용을 다른 말을 사용해 부연해 주는 시도이다. 내담자의 감정에 초점을 맞추어 내담자가 표현한 감정 언어를 그대로 반복하지 않고, 느낄 것이라고 여겨지는 감정을 제시하는 것이다. 상담자가 의사소통에서 지각한 숨은 의미를 명료화하는 동시에 내담자가 말한 것을 내담자에게 반복해서 되돌려 주는 것을 말한다.

반영에서는 내용을 단순히 내담자의 단어나 상담자의 단어로 재진술하는 것이 아니라 내담자가 직접적으로 말한 것이 아니더라도 상담자가 알아챈 중요한 감정이나 메시지를 덧붙인다는 점에서 반영은 '재진술'이나 '다른 말로 표현해 주기'를 넘어선다.

⑥ 재진술

내담자의 진술을 그대로 반복하여 확인해 주는 것으로, 내담자가 풀어 놓은 이야기를 상담자가 비교적 짧은 말로 축약하여 재진술하는 것이다. 반복해서 말하는 것은 대화 내용을 더 잘 기억하게 해 주며, 경청을 촉진시켜 준다. 그러나 상담자가 내담자의 말을 그대로 반복해서 따라한다는 느낌을 지속적으로 주지 않도록 주의해야 한다.

⑦ 다른 말로 표현해 주기
내담자가 말한 말과 동일한 의미를 지닌 다른 어휘를 사용하여 간단히 요점만 추려 반복해서 말해 주는 것이다. 내담자는 자신의 이야기를 다른 사람의 말로 다시 듣고 생각할 기회를 갖게 된다.

　이번에는 반영, 재진술, 다른 말로 표현해 주기의 세 가지 경우에서 구체적으로 어떠한 말들이 쓰이는지 살펴보기로 하자. 먼저 세 가지 경우에 사용되는 도입어와 종결어는 다음과 같다.

도입어
· 제가 들은 것은~
· 제가 듣기에는 마치~
· 저에게 들리기에는~
· 저에게 와 닿는 것은~
· 제가 보기에는~
· 이것에 관한 저의 생각은~
· 당신이 말하고 있는 것에서 제가 받은 인상은~
· 내 느낌에는~
· 제가 느낀 것은~
· 당신이 말하고자 한 것은~

종결어

· 제가 정확하게 듣고 있는 건가요?

· 이것이 맞나요?

· 제가 정확한 인상을 받았나요?

· 당신이 한 대로 제가 이해하고 있나요?

· 근접하나요?

· 제대로 포착했나요?

·

　다음은 반영, 재진술과 다른 말로 표현하기를 구체적으로 상담에서 어떻게 접목할 수 있는지에 대한 이해를 돕고자 사례를 들어 설명한 것이다.

반영

내담자 : 매일 밤 우리는 같은 의식을 치러요. 저는 딸에게 침대에 가라고 말해요. 그러면 아이는 울기 시작해요. 결국 그 애와 저는 오도 가도 못하는 상태에 빠지죠. 그 애는 8살이고 나의 권위를 존중하지 않아요. 다른 애들은 그렇지 않은데……. 그리고 그 애는 맏이예요. 오, 이런. 생각할 수조차 없어요.

상담자 : 제가 생각하기로는 두 가지 걱정거리가 있다고 생각되네요. 첫째, 당신은 매일 밤 딸아이를 재우느라 지쳐 있군요(감정 반영). 둘째, 당신은 딸의 행동이 동생들에게 영향을 미칠까 봐 두렵군요(감정과 숨겨진 메시지 반영).

② 재진술과 다른 말로 표현해 주기

내담자 : 이번 주는 어디에서부터 시작해야 할지 확실하지 않아
요. 너무 많은 일이 일어나서 머리가 빙빙 도는 것 같아
요. 제가 얼마나 이 상담 회기를 기다렸는지 몰라요. 오
늘은 정말로 상담이 필요해요! 그러나 어디에서부터 시
작해야 할지 모르겠어요.

재진술

상담자 : 많은 일이 일어나서 오늘은 시작하기가 힘들군요.

내담자 : 네, 혼란스러워요. 아닌가요. 이런, 시작할 때 당신에
게 말하려고 한 것은······.

다른 말로 표현해 주기

상담자 : 당신은 너무 지쳤고 먼저 다루어야 할 중요한 것이 무엇
인지 정하는 데 어려움을 겪고 있군요. 그렇죠?

내담자 : 바로 그거예요. 저는 너무 지쳤어요. 한 사람이 한 번에
모두 다루기는 너무 많은 일이었어요.

치료적 관계 형성

위와 같은 방법으로 상담 관계를 형성했다면, 이번에는 치료적 관
계를 형성할 필요가 있다. 치료적인 관계를 형성하기 위해서는 일
관성, 무조건적인 긍정적 존중, 공감적 이해가 우선되어야 한다.

① 일관성

일관성은 내담자의 생각과 행동 사이의 일치성을 말한다. 일관성이 있는 사람들은 그들의 행동 속에 진정성이 있다. 그들은 그들이 느끼는 대로 행동한다. 그들은 전문적인 분야를 내세우지 않고 그들 스스로 내담자와 거리를 두지 않는다. 로저스는 일관성에 대해 다음과 같이 묘사하고 있다.

"일관성이란 상담자가 경험하는 감정을 자신이 느끼고 인식할 수 있다는 것이다. 즉, 일관성은 상담자가 이런 감정들이 존재하며, 관계 속에서 이 감정들이 나타나며, 그리고 적절한 시점에 이 감정들을 표현할 수 있다는 것이다."

② 무조건적인 긍정적 존중

무조건적인 긍정적인 존중은 상담자가 내담자에 대해서 갖는 일관성 있고 확고한 존중의 태도를 갖는 것을 말한다. 내담자들은 다양한 문제들과 통찰력 혹은 지능 수준의 차이를 갖고 다양한 방법으로 그들 자신을 표현한다. 그리고 상담자들은 항상 내담자들을 존중하고 가치 있게 대한다.

상담자들은 사람과 행동 사이를 구별한다. 즉, 당신 앞에 있는 사람이 끔찍한 행동을 하거나 당신이 두려워하는 자살을 고려할 때조차 그 사람의 가치는 줄어들지 않는다는 것이다. 그 사람의 기본적인 가치를 가지 있게 하는 것과 그 사람들을 행동과 구별하는 것은 우리에게 공감을 하게 한다.

③ 공감적 이해

공감은 위기에 처한 사람들의 세계관을 충분히 이해하는 것이다. 내담자의 '의미와 감정의 세계'를 나누는 데 깊은 관심을 갖는 것이다. 공감은 내담자를 이해하고 있음을 '이해하고 전달하는 것'과 관련된다. 진정한 공감은 내담자의 내적 세계를 순간순간 경험하는 것이다. 공감은 진정한 이해 없이 내담자의 감정에 라벨을 붙이는 표준어구나 표현을 사용하거나 그 사람을 마치 이해하고 있는 것처럼 단순히 행동하지 않는다. 내담자는 상담자가 공감적 단어를 사용할 때, 그 단어 이면에 진정한 공감을 하는지 그렇지 않은지를 인식한다.

자살 상담 사례

[고민]

안녕하세요? 저는 중학교 2학년 여학생입니다. 어떻게 이야기를 꺼내야 할지……. 어제 무심코 제 수첩을 보게 되었습니다. 수첩에는 어제에 빨간 동그라미가 있었습니다. 제가 자살하기로 마음먹은 날이었습니다. 방학 전에는 자살하고 싶어 그렇게 방법을 연구하고 날짜를 잡고 했었는데…… 제 자살에 대한 생각이 충동적이고 감정적이라는 것을 다시 한 번 느꼈습니다. 나름대로 이유를 생각해 봤지요. 그것은 바로 나 자신입니다. 내가 이 모든 것들을 이겨 내지 못하기 때문입니다.

토요일에 TV 뉴스를 보니, 중 3 학생이 영문 소설 『보이란』이란 책을 써서 화제가 되고 있다는 내용이 나왔습니다. 난 정말 영어를 독학하여 노력으로 썼다는 생각을 했습니다. 그러나 그는 외교관의 아들로 일찍부터 외국에 나가 영어를 접해 본 아이였습니다. 노력은 했겠습니다만, 왠지 *그*가 증오스럽게 느껴졌습니다. 다 부모 잘 만나서 그렇게 된 아이라고……

우리 집은 내가 느끼기에도 약간 가난한 것 같아요. 이 가난이 왜 나에게 주어져야 하는지……. 방이 한 개라서 불편한 게 한두 가지가 아니에요. 다행이 아빠가 다른 곳에 계셔서 그나마 다행이지만, 휴일이나 명절 같은 때 오시면 싫어요. 시험 볼 때도 마음 편히 시험공부도 할 수 없고, 또 혼자 있고 싶은데 그럴 수도 없어요.

전 3남 3녀 중 막내예요. 내 바로 위 언니가 고등학교 때 내가 태어났죠. 지금은 다 시집 장가가서 애 낳고 살고 있어요. 제일 큰 조카가 나보다 나이가 많고, 큰오빠 아이는 나보다 두 살 아래입니다. 우리 엄마가 후처예요. 전처는 돌아가셨습니다. 나 혼자만 후처의 자식이 된 거, 남들이 우리 가족에 대해서 물어볼 때에는 너무 부끄럽습니다. 그리고 우리 엄마가 날 40에 낳으셔서 다른 엄마들보다 늙으셔서 싫고요. 그래서 오빠, 언니와는 만나기 싫고요. 나중에라도 인연 끊고 싶어요. 오빠, 언니들의 관계가 나와 서먹서먹했던 이유를 알 것 같아요.

엄마가 아빠랑 사신 후에 임신을 하셨다고 하는데 유산이 되고 아이가 쭉 없다가 내가 생긴 것이라고 합니다. 그 아이만 유산되지 않았더라면 난 태어날 필요가 없었을 것이고, 임신한 때만 해도 엄마 나이를 고려해서 낙태시킬 뻔했다가 그냥 낳았다는데 왜 그때 낙태시키지 않았는지……. 그러면 이 고통들은 모두 없었을 것을…….

내가 주민등록등본을 보다가 우리 엄마가 후처고 이 같은 사실을 알아냈지요. 초등학교 때 이상한 느낌이 들더군요. 그걸 알아내기 전에 난 주워 온 아이라고 생각했어요. 등본을 보니 우리 큰오빠 나이와 우리 엄마 나이가 10살밖에 차이가 나지 않았어요. 생모 이름도 다르고.

제가 맨 처음 자살을 생각한 건 초등학교 5학년 때예요. 글쎄 그때는 이런 복잡한 이유가 아니고 오직 사랑 때문이었고, 남자애들이 놀려서 너무 수치스러워서 그랬는데, 이제는 복잡해졌어요. 불확실한 나의 미래, 난 무엇이 될 것인가? 난 결혼을 하지 않을 것이다. 난 대학을 들어갈 수 있을까? 이런 가난이 싫고 또 가난한데도 대학을 가야 하느냐.

제가 공부를 1, 2등 하는 아이라서 선생님들은 대학 가는 걸로 알고 계시고 당연히 그래야 한다고 하세요. 그건 아마 그들이 살아온 길이라 당연시하시는 거죠. 우리 엄만 초졸이고 아빤 중졸이에요. 이게 수치스러운 것 중 하나죠. 그래서 대학에 대해 모르실 수밖에요. 대학 나온 부모들은 대학 가는 걸 당연시하겠죠.

그냥 모든 것을 버리고 자살하고 싶어요. 이런 생활이 싫어요. 그러나 며칠 지나면 자살하지 말자 하는 희망이 생기고 다시 절망……. 이게 연속일 거예요. 이 세상이 너무 무서운 것 같아요. 사는 것도 힘들고……. 난 결혼을 하지 않을 거예요, 절대로. 그 이유는 나중에 편지 드릴게요. 꼭 답장해 주세요. 글씨 미운 거 이해해 주세요.

[상담]

안녕하세요. ○○님이 보내 준 편지 잘 받았어요. ○○님의 편지를 읽으면서 "○○님이 무척 힘들고 고민도 많구나."라는 생각이 들더군요. 자살까지 생각할 정도였다면 그 고충이 어느 정도인지 알 것 같고, 나에게도 그 아픔이 전해집니다.

　○○님은 지금 ○○님이 처한 여러 가지 상황들 특히 가정에서의 문제들로 인해 이 세상이 무섭고, 사는 것이 힘들게 느껴지는군요. 그렇게 힘들고 복잡한 상황에서도 자신의 문제에 대해서 포기하지 않고 고민하고, 해결하려고 이렇게 상담까지 할 수 있는 의젓한 사람으로 성장해 가는 ○○님의 모습이 무척이나 놀랍기도 하고 대견하게 생각되는군요.

　우선 ○○님은 다른 식구들과 방을 함께 사용해야 되는 집안사정 때문에 시험시간에 시험공부를 하는 것이나, 혼자 있고 싶을 때 그렇게 할 수 없는 상황들이 불편하게 생각되는군요. 조용히 공부를 하려고 할 때나, 혼자 있고 싶을 때에 다른 사람들의 방해를 받게 되면 정말 속상하겠네요. 사람은 누구나 가끔씩 혼자 조용히 지내고 싶을 때가 있거든요. 그런데도 학교성적이 그렇게 좋다니 ○○님의 능력이 참 크고 대단하다고 느꼈어요. 그뿐만 아니라 현재의 열악한 상황에서도 지금의 수준이라면 앞으로 상황이 조금이라도 호전되었을 때 ○○님이 자신이 가진 능력을 지

자살을 예방하는 방법

금보다 더 훌륭히 발휘할 수 있을 것으로 믿어지네요.

○○님은 언니, 오빠와 나이차도 많고, 엄마도 다르다는 사실 때문에 언니나 오빠와의 관계가 매우 서먹서먹하게 느껴지는군요. 그리고 엄마가 후처로 아빠와 결혼하셨고, 다른 엄마들보다 나이가 많으셔서 무척이나 속상한가 봐요. ○○님은 만약 ○○님이 이 세상에 태어나지 않았더라면 ○○님을 괴롭히고 있는 고통들도 모두 없었을 것이라고 했는데, 물론 현재 ○○님으로서는 받아들이기 힘든 일들이 많이 있지만 ○○님 부모님께서 어려운 상황에서도 ○○님을 낳으셨고, 또 ○○님의 탄생이 무슨 의미가 되었는지 한 번 생각해 보면 좋겠네요. 예를 들어 어머님 연세에 아기를 낳는 것이 생명에 위협이 될 수도 있는데 어머님이 ○○님을 낳으셨다는 사실은 ○○님에게 매우 중요한 의미일 수 있을 것 같네요.

○○님은 초등학교 5학년 때 남자아이들이 놀리는 것이 너무 수치스러워서 처음 자살을 생각하게 되었고, 지금은 너무나 ○○님의 미래가 불확실한 것에 대해 마음도 복잡하고 고민도 많이 하고 있군요. ○○님과 같은 다른 또래 친구들이 자신의 미래에 대해서 궁금해하고 한 번쯤은 심각하게 고민하기도 하겠지만, 지금 ○○님은 혼자서 감당하기 너무나 어려운 상황까지 겹쳐 더욱 자신의 미래가 불확실하고 막연하게 느껴질 뿐만 아니라 힘들고 마음도 복잡하리라 생각됩니다. 특히 ○○님은 대학진학이라는 문제가 중요한 고민 중에 하나인 것 같은데, 혹시 대학을 진학한다는 것이 경제적 여건이나 사회에서 ○○님의 가정환경에 대한 시

선 등을 고려했을 때, 어렵지 않을까 하는 생각이 드는 것은 아닐까요.

○○님이 며칠 지나면 "자살하지 말자." 하는 희망이 생기고 다시 절망하게 된다고 했는데, 지금 ○○님이 힘들고 고민하는 상황에서 자살을 생각할 때마다 ○○님에게 희망이 생기게 하는 것은 과연 무엇일까요? 또 어떻게 ○○님은 그런 희망을 찾아내고 있는지 알고 싶군요. 그러한 희망이 ○○님에게 존재한다는 사실이 정말 다행스럽고 고맙게 느껴집니다.

○○님이 이렇게 남에게 말하기 힘든 자신에 대한 이야기를 편지를 통해 솔직하고 남이 읽었을 때 잘 알 수 있도록 표현해 주었기 때문에, 지금 ○○님이 겪고 있는 어려운 상황이나 고통에 대해서 좀 더 잘 이해할 수 있었고, 앞으로 ○○님과 함께 ○○님이 겪고 있는 어려움을 해결하고, 도움이 되었으면 하는 생각이 더욱 드는군요. 앞으로 ○○님과 이렇게 편지를 통해서 계속 마음을 나누고 싶어요. 그 밖에 다른 방법으로 ○○님이 이곳에 전화를 하거나 방문함으로써 우리가 직접 통화하고, 또 만나서 ○○님의 고민을 함께 나누고 해결방법을 생각해 볼 수도 있답니다. ○○님이 전화상담이나 면접상담을 원한다면 전화를 하거나 직접 찾아와서 상담을 할 수 있답니다. 다시 ○○님과 상담할 수 있기를 진심으로 바랍니다.

❧ 뇌파 치유법 ❧

　자살을 시도하는 고위험군인 경우, 일반인의 정상 뇌파와 달리 알파파 또는 세타파가 뇌의 전 영역을 차지하고 있는 경우가 있다. 이것은 심한 우울증을 알리는 경고가 되고 있는데, 이는 세계 각국에서 발표한 논문자료와 임상에 의해 뇌파 치유법(Electroencephalogram Healing)을 통해 개선 효과를 볼 수 있는 것으로 알려져 있다.

우울증과 뇌파의 관계

우울증 초기단계에서는 전두엽 부위의 비대칭이 서서히 나타나기 시작한다. 그리고 우울증이 계속 진행되면서 전두엽의 좌우 비대칭은 점차 심하게 나타난다. 심한 우울증 상태가 장기적으로 지속되어 만성 우울증의 상태가 되면, 좌측 전두엽의 활성이 더욱 떨어져 알파파가 아닌 더 느린 리듬인 쎄타파까지 증가하게 되며, 반대로 우측 전두엽의 활성은 증가되어 베타파가 더욱 증가된 패턴을 나타낸다.

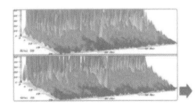 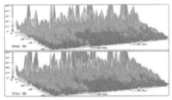

뇌파검사

뇌파측정검사를 실시하는 이유는 뇌의 건강성, 안정성, 균형성, 그리고 훈련지속가능성 등을 알아보기 위함이다.

① 휴식뇌파검사

휴식뇌파는 뇌가 얼마나 건강한지를 알 수 있는 지름길이다. 건강한 사람은 신체적으로 튼튼하고, 정신적으로 활달하며, 정서적으로 쾌활하며, 매사에 적극적으로 보인다. 이 모든 것이 신체의 건강에서 출발하며 뇌도 마찬가지다.

뇌가 건강한 사람은 뇌파의 율동성도 좋으며, 뇌파양상이 고른 파형을 보인다. 서파와 속파의 연결성이 아주 좋으며 알파파를 중심으로 밭고랑을 이루듯 아름다운 모양을 보이며, 뇌가 건강하지 않으면 불안정한 뇌파양상을 보인다. 파형이 고르지 못하며 발작파나 극파 예파의 파형이 나타나기도 하는데, 서파의 진폭이 매우 높게 나타나기도 하며 고베타파와 감마파의 활동성이 증가한다.

휴식뇌파에서 문제가 보이는 사람은 근육긴장, 불안, 긴장, 초조, 만성 스트레스, 흥분, 수면장애, 만성두통 등 신체적 정신적 문제를 동반할 수도 있다.

② 주의력 뇌파검사

주의력 뇌파는 뇌의 각성시 안정노를 나타내는 척도로, 안정적인 사람과 그렇지 못한 사람의 차이는 외부의 충격이나 자극, 유혹

등에 얼마나 유연하고 일관되게 대처하느냐에 있다.

안정적인 사람은 외부의 유혹에 흔들리지 않을 뿐만 아니라 그 어떤 충격에도 쓰러지지 않으며 내외부의 자극에 끌려 다니지 않고 잘 흡수하고 다스려 나가며, 뇌파도 마찬가지다. 주의력 뇌파가 발전하면 서파의 갑작스런 파도에 휩싸이지 않으며 급속파의 자극에 끌려 다니지 않으며, 뇌파의 동조현상을 통제하고 제어하는 시스템이 잘 발달한다. 따라서 주의력 뇌파가 발달한 사람은 주위의 변화에 적절히 대응하며 일을 계획적으로 처리하고, 자신의 힘을 골고루 분산하는 능력을 갖고 있으며, 학습과 업무능력이 특히 뛰어나다.

그러나 주의력 뇌파가 발전하지 못하면 놀람, ADHD/ADD, 우울증, 신경분열증, 폭력성향, 조울증과 같은 문제가 나타나는 현상이 있다.

③ 집중력 뇌파검사

집중상태는 뇌가 본격적인 활동을 개시하여 오직 한 가지에만 집중하도록 뇌가 전체적으로 깨어 있는 상태를 의미한다. 이는 뇌가 총체적으로 어떤 일에 집중하여 각 부위별로 맡은바 역할을 다하는 상태라고 할 수 있다. 따라서 일의 효율을 높이고 활동력을 높이는 데 커다란 효과가 있다. 특히 좌뇌의 활동을 강화시켜 언어능력이나 논리력, 이성적 사고력 등을 높이고 지적 활동을 강화시키는 역할을 한다. 이런 사람의 뇌파를 보면 전체적으로 진폭이 높으며, 특히 미드베타에서 왕성한 활동력을 갖게 된다.

집중력 뇌파가 발달하지 않은 사람은 집중하지 못하고 일을 마무리 하지 못하며, 경쟁심이 너무 약하고 자기표현이나 주장을 끝까지 하지 못할 뿐만 아니라 자기억제력이 부족한 문제가 있을 수 있다.

뇌파검사의 활용

이처럼 뇌가 얼마나 건강한지를 알기 위해서는 휴식 뇌파검사를, 뇌가 얼마나 안정적인지를 알기 위해서는 주의력 뇌파검사를, 뇌가 균형을 잘 유지하는지를 알기 위해서는 좌우뇌균형 검사를, 뇌가 얼마나 동기부여를 잘하고 있는지를 알기 위해서는 집중력 뇌파 검사를 한다. 이러한 뇌파검사를 통해 얻어진 결과를 바탕으로, 주의력과 집중력 또는 좌우뇌 균형을 돕는 뉴로피드백 훈련을 일정 기간 동안 훈련하면 우울증을 치료하고 문제점을 해결하는 데 효과를 볼 수 있다.

❧ 운동 치유법 ❧

자살로 이어지는 가장 기본적인 원인인 우울증을 예방하는 것이 자살 예방에 가장 좋은 방법으로, 운동치유법(Exercise Healing)이 널리 활용되고 있다.

우울증은 신경전달 물질이 부족해서 생기는 뇌 질환이다. 이것은 세로토닌, 노르에피네프린 같은 호르몬이 감소하는 등 여러 복합적인 원인으로 나타나는 현상이며, 일상적인 활동량이 줄고

운동을 하지 않으려 한다는 특징이 있다. 또한 우울증은 슬픈 감정이 내면화되는 것으로, 무기력함과 자기 멸시 등 자존감이 낮아지는 감정 장애로, 자신의 정서적 · 인식적 · 생리적 · 사회적인 모든 활동에 영향을 준다.

우울증의 운동 치료 효과

우울증이나 치매 환자의 뇌 사진을 찍어 보면, 정상인에 비해 뇌실이 확대되어 있고 실제적인 뇌 부분은 쪼그라들어 있다. 특히 청소년에게는 무기력증뿐 아니라 기분이 쉽게 자극받는 과민상태로 흔히 나타나며, 이러한 증상은 과다한 분노나 짜증 혹은 반항적 행동으로도 표출된다. 이 때문에 만성피로와 함께 잠을 이루지 못하거나 잠을 많이 자더라도 개운하지 않은 증상이 나타난다.

신체적 증상으로는 두통, 소화불량, 목과 어깨 결림, 가슴 답답함 등이 나타나며, 심한 경우 망상이나 환각에 빠지기도 한다. 심지어는 자살과 같은 죽음으로 이어지기도 한다. 세계 인구 중 10~20%가 심한 우울증에 시달리고 있다고 한다.

그렇다면 우울증의 운동 치료는 어떠한 효과를 볼까? 이를 간단히 정리하면 다음과 같다.

- 신경전달 물질의 대사 작용에 영향을 미친다.

- 단기간의 과도하고 강한 운동은 긴장과 불안을 유발한다.

- 최소 16주 이상의 규칙적인 유산소운동은 인지 기능을 상승시키고, 뇌 분비 신경전달 물질인 세로토닌과 노르에피네프린, 엔도르핀 등 호르몬을 상승시킨다.

- 불안 감소 및 자긍심 향상, 병적 우울뿐 아니라 정상인의 일시적인 우울 현상도 감소한다.

- 햇빛을 받는 야외 운동은 비타민 D가 프로비타민 A로 변하게 하고 멜라토닌이 생성되어 밤에 잠이 잘 오게 한다.

우울증의 운동 치료 방법

위에서 언급한 효과를 보기 위해서는 어떠한 방법으로 운동을 하는 것이 좋을까? 운동 종류와 방법, 조건과 환경을 알아보자.

① 운동 종류

우울증에는 유산소운동(걷기, 조깅, 수영, 자전거 타기, 등산 등)과 무산소운동(근력운동 등)이 모두 효과적이다. 따라서 어떤 운동을 할 것인가를 잘 선택하여 자신이 즐길 수 있는 운동으로 시작해야 한다.

② 운동 방법

미 스포츠의학회(The American College of Sports Medicine)는 건강한 사람에게 쉽고, 기분을 좋게 할 수 있는 운동으로 주당 150분, 하루 30~45분, 주당 3~5회 정도의 중강도 운동을 권장한다. 또한 우울증 개선을 위해 걷기와 같은 유산소운동과 함께 근력운동을 일주일에 2~3회 하고, 유연성운동, 즉 스트레칭을 2~3회 하도록 권장한다.

③ 운동 조건
운동이 또 하나의 업무나 스트레스가 되어서는 안 된다. 따라서 하기 쉽게 계획을 짜야 하며, 최대한 즐겁게 운동해야 오래 지속하고 재미있게 할 수 있다.

④ 운동 환경
여러 사람이 함께 운동하며, 공해가 적은 쾌적한 야외에서 또는 음악이 흐르는 실내에서 기분 좋게 운동하는 것이 좋다.

운동을 통한 우울증 예방 및 개선 사례

① 우울증 재발 확률 감소
미국 듀크대학 메디컬센터 연구진은 1999년에 꾸준한 운동이 우울증 재발 확률을 많이 줄일 수 있다고 발표했다. 또한 2008년에 우울증 환자 156명을 대상으로 실시한 연구에서 16주간 운동을 한 환자들은 항우울제를 복용한 환자들이나 혹은 약물요법과 운동요법을 병행한 환자들에 비해 더 뚜렷한 치료 효과를 보았다고 밝혔다. 운동을 한 환자 중 8%만이 우울증이 재발한 반면, 약물 치료를 받은 환자는 38%가, 약물과 운동을 병행한 환자는 31%가

다시 우울증에 걸렸다.

② 문제해결력의 상승

미국 듀크대학 메디컬센터 연구소는 규칙적인 운동이 기억력, 계획력, 조직력, 문제해결능력 등을 높이는 데 탁월한 효과가 있음을 발견했다. 규칙적인 운동이 학습능력, 집중력, 추상적 사고능력을 15% 이상 향상시켰다.

③ 항우울제 처방 대신 운동 처방

영국에서는 가벼운 우울증 환자에게 항우울제 처방 대신 운동을 권하는 의사들이 늘고 있다. 2008년 영국 정신건강재단(MHF)은 가벼운 우울증 환자에게 항우울제나 기타 치료법 대신 운동을 처방하는 의사들이 22%에 이르고 있다고 밝혔다. 3년 전에는 우울증에 운동요법이 '효과가 있다' 또는 '매우 효과가 있다'고 대답한 의사가 41%였는데, 지금은 61%로 크게 늘었다고 한다.

운동치료캠페인 실장 셀리어 리처드슨 박사는 운동치료가 우울증을 악화시키는 고립감을 해소시켜 주는 한편 환자가 운동을 통한 보디(Body) 이미지 개선과 목표 달성을 통해 자존심을 회복하는 데 큰 도움이 된다고 밝혔다.

④ 운동 유전자 VGF의 효력

미국 예일대 로날드 듀먼 박사 팀은 운동할 때 활성화되는 유전자 VGF(신경성장인자)가 만드는 단백질이 우울증 치료에 효과적이라는 사실을 밝혀 『네이처 메디슨』지에 발표했다. 우울증과 운동 유전자의 관계를 밝힌 것은 이번이 처음이다.

연구 팀은 쥐를 운동시켰을 때 활성화되는 유전자 33개를 발견했는데, 가장 많이 활성화된 유전자는 VGF였다. 연구 팀이 VGF 유전자로 만들어지는 단백질을 인공 합성해 스트레스를 받은 쥐에 투여한 결과 항우울제와 같은 효과가 나타났다. 반대로 VGF 유전자를 차단하자 쥐에서 우울증 증상이 나타났다.

⑤ 운동 후 기분 좋은 감정이 12시간 동안 지속

미 버몬트대 연구 팀은 18~25세의 건강한 남녀 48명을 대상으로 현재의 기분과 감정 상태를 테스트한 다음, 대상자들을 두 팀으로 나누어 한쪽은 운동을 하지 않게 하고 다른 쪽은 실내용 자전거에서 20분간 중간 강도의 운동을 하게 했다. 그런 다음, 대상자들의 운동 직후와 1, 2, 4, 8, 24시간 후의 기분 상태를 되풀이하여 조사했다. 그 결과, 운동을 한 그룹은 하기 전에 비해 기분과 감정이 훨씬 좋아졌으며, 이 같은 상태가 12시간까지 지속된 것으로 나타났다.

⑥ 충동성 억제 효과

하버드대 정신과 의사 존 래티는 "운동은 집중력과 침착성을 높이는 한편 충동성을 낮춰 우울증 치료제인 프로작과 리탈린을 복용하는 것과 비슷한 효과를 낳는다."고 설명한다. 이를 연구하는 많은 학자들은 운동을 중간에 그만두면 신경세포가 잘 작동하지 않기 때문에 효과를 유지하려면 지속적으로 운동해야 한다고 말한다.

☙ 영양 치유법 ☙

스트레스가 쌓이면 칼슘의 배설량이 많아진다. 또한 칼슘이 부족할 경우, 안정을 잃거나 짜증을 잘 견디지 못하는 것으로 알려져 있으며 불안이나 초조를 더 잘 느끼게 된다. 따라서 자살을 예방하고 건강한 신체뿐만 아니라 건강한 정신을 위해서 중요한 것이 바로 영양 치유법(Nutritional Healing)이다.

칼슘이 부족하면 정신건강에 이상신호를 보내오기 때문에 칼슘을 풍부하게 함유한 우유, 녹색채소, 뼈째 먹는 생선, 치즈, 콩 등을 먹을 필요가 있다. 칼슘은 흡수율이 낮은 영양소이므로 단백질이나 비타민 D, C, 마그네슘 등을 함께 섭취할 때 흡수율이 높아지기 때문에 균형 잡힌 식단을 마련하여 섭취하는 것이 좋다.

이에 반해 스트레스를 더해 주기 때문에 반드시 피해야 할 음식도 있다. 바로 탄산음료와 카페인이다. 카페인 성분을 과량 섭취 시에는 과도한 근육운동의 활성화로 피로감이 느껴지고 위산분비를 촉진시켜 위경련을 일으키기 때문이다. 또한 카페인은 설탕에 대한 욕구를 증가시키고, 비타민 B군을 소모시키며 칼륨과 아연 등을 배설시킨다.

그렇다면 자살을 예방하기 위해 꼭 섭취해야 할 영양소에는 무엇이 있으며, 그것은 각각 어떠한 효과를 지니고 있을까? 칼슘과 마그네슘, 비타민의 세 가지 영양소에 대해 자세히 알아보자.

칼슘(Calcium)

인체에 많은 양이 요구될 뿐 아니라, 대부분의 기능에 관계되는 필수 성분이다. 99%가 뼈와 치아의 구성성분으로 함유되어 있고, 나머지 1%가 혈액 및 세포에 존재하면서 생리적 작용에 관여한다. 신경전달, 근육의 수축, 체액의 산－알카리의 평형 및 혈전의 형성에 관계한다. 칼슘의 정상적인 섭취를 위해서는 비타민 D, 인, 비타민 A, 비타민 C, L-Lysine 등이 필요하다. 칼슘과 마그네슘은 2:1의 비율로 섭취될 때 가장 흡수율이 좋다.

칼슘의 부족은 상습적인 음주와 고기를 많이 섭취하는 식사 습관이다. 고기를 많이 섭취하는 경우는 음식에 과잉의 산을 함유하게 되는데, 그중에 인이 많고 상대적으로 칼슘이 적다. 이 현상은 정제된 단백질을 다량으로 섭취하는 경우에도 마찬가지로, 체액이 산성화되면서 소변의 칼슘량이 증가된다고 한다.

혈액의 PH는 7.35~7.45를 유지하여야 하는데, 이 범위를 유지하기 위해서는 혈액100㎖에 10㎎의 칼슘을 함유하여야 한다. 생명을 유지하기 위해 가장 중요한 조건이 혈액의 PH를 정상 범위 내로 유지하는 것이기 때문에, 혈액 내의 칼슘의 양이 정상의 범위보다 떨어지게 되면 인체는 수단과 방법을 가리지 않고 뼈와 치아에서 혈액으로 칼슘을 이동시킨다.

칼슘이 부족할 경우, 우리 몸은 147가지의 질병에 노출된다. 칼슘 결핍 증상으로는 관절의 통증, 손톱의 부스러짐, 습진, 혈중 콜레스테롤 수치 상승, 심계항진, 고혈압, 불면, 근육경련, 신경과민, 감각이상, 과동증, 우울, 망상, 류머티스 관절염 등을 들 수 있다. 그렇다면, 이러한 칼슘을 체내에 정상 분량을 유지하기 위해서는 어떠한 노력이 필요할까?

• 뼈가 약해지는 요인들은 계속되는 음주, 과잉의 단백질 섭취, 비정상적인 당대사, 신장 또는 간장의 이상(비타민D를 활성형으로 만들 수 없음), 음식으로 섭취되는 칼슘 : 인의 비율이 1 : 1 보다 칼슘의 양이 적을 경우 등이다.

• 철분과 같이 섭취하면 양쪽 모두 흡수율이 떨어지고, 많은 양의 칼슘의 섭취는 아연(Zinc)의 흡수를 방해하며 많은 양의 아연의 섭취는 칼슘의 흡수를 방해한다.

• 고기, 정제된 탄수화물, 청량음료 등은 칼슘의 배설을 증가시키며, 커피, 짠 것, 흰 밀가루 음식 등도 칼슘의 부족증상을 일으킨다.

• 칼슘은 가능한 소량씩 자주 복용하는 것이 좋다. 야간에 섭취하면 수면작용도 돕는다.

마그네슘(Magnesium)

인체는 20~28g의 마그네슘을 갖고 있다. 그중 50%는 뼈에 함유되어 있고, 나머지 50%는 수많은 효소의 원료로서 체내에 없어서는 안 되는 대단히 중요한 미네랄이다.

튼튼한 뼈와 치아를 위해서는 칼슘, 인과 같이 마그네슘이 필요하다. 마그네슘의 생리적 작용 중 가장 중요한 것은 근육이완 작용이다. 근육이 뭉친다거나, 경련을 일으킨다거나, 떨리는 증상들은 마그네슘의 부족증상일 경우가 많다. 또 자폐아의 경우

자살을 예방하는 방법

마그네슘이 부족 현상이 잘 나타나며, 성인의 정신 질환자 중 마그네슘이 부족하면 자살기도를 하는 사람이 많다고 한다. 그만큼 마그네슘이 우울, 정신분열, 불면 등 정신 신경계에도 좋다는 것이다.

마그네슘의 주요 결핍 증상으로는 근육의 경련, 우울, 불면, 민감, 소화불량, 빈맥, 부정맥, 고혈압, 심장질환, 천식, 만성피로, 과민성 장질환을 들 수 있다. 그렇다면 마그네슘은 정확히 어떠한 효능을 지니고 있을까?

- 혈관 근육에서 힘의 균형을 유지하는 미네랄은 칼슘, 마그네슘, 칼륨, 나트륨이다.
- 심혈관 근육의 마그네슘 부족은 혈관 근육의 경련을 일으키게 되므로, 심장마비 상태에 빠지기 쉬우므로 심혈관 질환에 사용한다.
- 고혈압으로 고생하는 사람들은 가끔 눈의 망막 안의 혈관 경련으로 시력에 이상을 초래하는 경우가 있다. 이때에도 마그네슘의 투여로 시력을 회복하는 사람이 있다. 망막의 이상은 당뇨가 원인이 되는 경우가 많으나, 고혈압 환자는 마그네슘의 투여가 중요하다.
- 칼슘이 침착되어 석회화되는 정상은 마그네슘이 막아 준다.
- 마그네슘은 비타민 B-6(피리독신)와도 효소의 생성작용에 밀접한 관계를 갖고 있다(신장결석을 막아 주는 데 두 성분이 같이 작용).
- 스트레스 등에 의해 혈압의 갑작스런 변화로부터 동맥 내벽에

오는 충격을 막아 주고, 근육의 경련 증상을 완화시키므로 월경전증후군 등의 증상에 이용되며, 체액의 PH균형을 이루는 데도 필요하다.

비타민

비타민 B3, B6는 스트레스를 받는 사람에게 꼭 필요한 영양소로 꼽힌다. 이 영양소들은 정신 안정에 도움을 주고 긴장을 풀어 주어 안정을 도모하는 데 도움을 주는 것으로 알려져 있다. 비타민 A, C, E도 빼놓을 수 없다. 강력한 항산화제인 이 비타민들은 스트레스로 인해 손상되거나 파괴되는 세포를 도와주는 역할을 한다.

☞ 향기 치유법 ☜

우리의 인체 중 뇌와 가장 밀접한 관계가 있는 향기는 대뇌변연계에 직접 작용을 하며, 생체대사와 리듬을 조절하며 감정과 기억을 통제하는 기능을 하고 있다. 이처럼 후각신경이 뇌신경 중 제1번인 점을 활용한 향기 치유법(Aromatherapy healing), 즉 아로마테라피는 자살과 우울증 예방은 물론 생활에 활력을 주는 대단히 유익한 치유법이라 할 수 있다.

아로마테라피란?

'Aroma(향기, 방향)'와 'Therapy (치료, 요법)'의 합성어로 향기 나는 식물(Herb)의 꽃, 열매, 잎, 줄기, 뿌리 등에서 추출한 휘발성 정유(에센셜 오일)의 에너지(氣)를 이용하여 몸과 마음과 영혼을 건강하게 하고 우리 몸 안에 있는 자가 면역력을 증강시켜 주는 자연 치료법을 의미한다. 약에만 의존하지 않고 자연의 소재를 이용해서 인간이 본래 갖고 있던 자연 치유력(자가 면역력)을 높여서 병의 원인이 되는 스트레스나 심신의 불균형 상태를 신체적, 정신적, 감정적, 영적인 차원에서 치유 개선의 효과를 가져다주는 전인 치료(Holistic) 요법이다.

고대인들은 허브를 약초로 많이 사용하였으며, 중국에서는 기원전 5000년 무렵부터 허브를 사용하였다고 한다. 이집트에서는 기원전 3000년 무렵부터, 바빌로니아에서는 기원전 2000년 무렵에 허브를 사용하였다고 한다. 이집트에서는 미라를 만들 때 부패를 막고 초향(焦香)을 유지하기 위해 허브를 사용하였는데, 특히 이집트 여인들은 각종 향료와 오일을 즐겨 사용했으며, 라벤더 같은 허브를 이용한 목욕법 등도 개발하여 이용 하였다는 사실을 파라오의 벽화를 통하여 알 수 있다. 약용으로 이용되던 허브는 향 마사지, 향 목욕 등 사치용품으로 사용되기도 하였으며, 고대 로마제국이 유럽 전역을 지배한 후에 허브가 지중해 연안에서 유럽 각지로 확산되면서 아로마테라피(Aroma therapy)라는 방향(芳香) 요법이 정착되었다.

허브의 종류는 2,500종 이상인 것으로 알려지고 있으며, 최근 우리나라에서도 1,000여 종의 허브가 재배되고 있다. 원산지는 주로 유럽, 지중해 연안, 서남아시아 등인 라벤더, 로즈마리, 페퍼민트, 타임, 레몬밤뿐만 아니라 우리 조상들이 민간요법에 사용해 왔던 쑥, 익모초, 배초향, 그리고 양념에 빼놓을 수 없는 마늘, 파, 고추, 생강 등도 모두 허브라고 할 수 있다. 허브는 탄수화물, 무기질, 비타민, 테르펜, 수지, 에센셜 오일, 지방산, 아미노산, 글리세롤, 사포닌, 타닌, 알칼로이드, 배당체, 펙틴, 쓴맛 성분 등을 함유하고 있어서 신체의 면역 기능 강화, 살균소독제, 소화제, 강장제, 거담제, 소염제, 항암제 등으로 널리 사용되고 있다.

원산지가 주로 유럽, 지중해 연안, 서남아시아 등인 라벤더, 로즈마리, 페퍼민트, 타임, 레몬밤 뿐만 아니라 우리 조상들이 민간요법에 사용해 왔던 쑥, 익모초, 배초향, 그리고 양념에 빼놓을 수 없는 마늘, 파, 고추, 생강 등이 모두 허브라고 할 수 있다.

'아로마테라피'라는 단어는 프랑스어 'Aromatherapie'에서 파생되었다. 프랑스의 화학자인 르네 모리스 가테포세(Rene-Maurice Gattefosse)가 이 용어를 논문에서 최초로 사용하면서 다음과 같이 언급하였다. "피부병 치료법은 '향기요법' 혹은 그것을 탐구하기 시작한 사람들에게 엄청난 전망을 열어 주는 연구 분야에서 향기를 사용하는 치료법으로 발전될 것이다." 이 논문을 계기로 향수, 화장품, 의약품에서 아로마 에센셜 오일의 이용이 심리치료, 아로마 의학, 과학으로 발전하고 있다. 특히 아로마테라피 관련 업종은 웰빙 붐에 맞추어 현재 불황 속에서도 인기리에 창업되고 있으며 우리나라에도 대중에게 많이 인식되어 가고 있다.

지구상에는 알려진 식물만도 약 300만여 종이다. 그중 약리성분을 가진 식물은 약 3,000여 가지이며 또한 그중에서 약리성분을 가지고 있으면서 향을 지니고 있어서 인간에게 유익한 식물은 2,500여 가지가 있는데, 그러한 식물을 허브(Herb)라고 부른다.

허브에서 추출하여 아로마로 사용하고 있는 오일은 500여 가지이며, 지금도 계속 개발되고 있다. 그중에서 전문 아로마테라피스트들은 100여 가지를 쓰고 있으며, 우리나라 Pro Kit에는 50여 가지로 사용되고 있다.

이러한 향기 나는 식물인 허브에서 추출한 에센셜 오일을 이용해 정신적인 안정과 평안, 그리고 신체의 항상성을 도와주는 것이 아로마테라피이다. 아로마(Aroma)는 '향기', 테라피(Therapy)는 '치료'를 뜻하며, 허브에서 추출한 방향성 정유를 질병의 예방과 치료에 사용하는 방법으로 고대로부터 내려오는 자연요법이다. 즉, 건강에 도움이 되는 허브(향이 나는 식물)에서 추출한 향기로 몸과 마음을 건강하게 하는 요법이다.

정유를 사용하는 방법은 역사 속의 많은 문명에서 의학적으로 사용되어 왔으며, 오늘날에 와서는 가장 자연적이고 효과적인 대체의학의 한 분야로 인정받고 있다. 또한 1980년대에 들어 건강과 안녕에 대한 관심이 고조되면서 화장품에도 자연성분을 첨가하는 것이 새로운 기조로 자리 잡으면서 정유의 사용이 일반화되어 가는 경향이다.

특히 아로마테라피 관련업종은 웰빙의 붐에 맞추어 현재 불황 속에서도 인기리에 창업되고 있으며 우리나라에도 대중에게 많이 인식되어 가고 있고, 대체의학의 한 분야로 폭넓게 자리 잡고 있어 비전이 보이는 분야이다.

아로마테라피의 원리

에센셜 오일은 우리의 몸과 마음을 정상적으로 회복시켜 주며 미용에서도 높은 효과를 나타낸다. 에센셜 오일의 이러한 효과는 어떤 작용기전에 의해 일어나는 것일까?

에센셜 오일의 인체 흡수 경로는 피부와 호흡기를 통해서다. 아로마 오일은 피부와 호흡기를 거쳐 폐를 통해 혈관으로 들어가 모세혈관을 타고 온몸에 흡수된다. 또한 신경계를 통해 직접적으로 뇌신경을 자극하여 몸과 마음을 치유한다. 따라서 호흡기를 통한 작용 원리와 피부를 통한 작용 원리로 나누어 살펴보기로 한다.

① 호흡기를 통한 작용 원리

코로 흡입된 아로마 성분은 코의 점막에 있는 후각세포에서 후각신경을 거쳐 대뇌의 변연계(Lymbic system)에 전달된다. 변연계는 진화론적으로 보면 인간 두뇌에서 가장 먼저 생긴 부분으로, 소화계·생식계 등에 관계하며 가장 원초적이고 본능적인 부분을 관장한다. 후각신경에 의해 자극받은 변연계는 시상하부를 자극하고, 시상하부는 다시 뇌하수체에 자극을 전달한다. 시상하부는 자율신경계와 호르몬계, 면역계에 관계하고 있다.

따라서 시상하부는 변연계의 명령에 따라 뇌하수체에 명령을 내려 소화계와 생식계에 영향을 미치는 호르몬을 분비하게 하며,

식욕이나 성욕과 같은 인간의 원초적 욕구와 본능적인 부분에 변화를 주게 된다. 또한 호흡을 통해 흡입된 모든 아로마 성분들은 폐를 통해 폐포를 거쳐 혈관으로 흡수되어 체내의 중요한 장기에 영향을 준다.

② 피부를 통한 작용 원리

피부를 통한 흡수의 대표적인 것은 마사지법이다. 에센셜 오일을 이용한 마사지는 오일의 피부 흡수와 더불어 방향요법을 병행할 수 있다는 장점을 가지고 있다. 에센셜 오일은 미세한 분자 구조를 가지고 있어 피부 통과가 용이하며, 지방물질에 쉽게 용해되므로 피부의 지질과도 친숙하다.

따라서 피부를 통해 에센셜 오일은 모공과 땀샘, 각질층을 통과하여 진피에 침투되고, 진피에 침투된 에센셜 오일의 성분은 모세혈관과 림프관을 통해 전신을 순환한다. 이때 마사지를 통한 자극은 에센셜 오일의 침투를 촉진시켜 준다.

이렇게 해서 체내로 흡수된 에센셜 오일의 성분은 체내에 남아 있지 않고, 소변 · 땀 · 폐를 통한 호흡 등의 방법으로 체외로 배출된다. 건강한 사람의 경우, 5~6시간이 지나면 에센셜 오일의 성분이 체내에 남아 있지 않는다.

아로마테라피의 효능

아로마테라피의 가장 큰 매력은 치유의 범위가 신체에 한정되는 것이 아니라, 정신과 영혼까지 포함한다는 것이다. 그러나 심리

적인 효과는 모든 사람에게 동일하게 나타나지는 않으며 각각의
개체적 특성에 따라 약간씩 다르게 나타나므로 풍부한 경험과 적
절한 사용방법이 선행되어야 한다.

　숨 가쁜 정보사회 속에서 허덕대는 현대인의 질병은 스트레스
가 주된 원인이다. 과다한 스트레스와 육체적 피로로 인해 신체
기능이 장애를 일으키고 정신적 질병이 유발되고 있다. 따라서
각종 현대병에 시달리고 있는 현대인들에게 아로마테라피는 편안
한 휴식과 활력을 주는 대체요법으로 큰 자리를 차지할 것이다.

　아로마테라피의 효능을 크게 항균 · 방부 효과와 미용 효과, 생
리적 효과와 심리적 효과로 나누어 살펴보기로 한다.

① 항균 · 방부 효과

거의 대부분의 에센셜 오일은 항균 · 살균 효과를 가지고 있다.
따라서 호흡기 감염인 감기, 천식, 기침과 두통에 효과가 있고,
바이러스의 성장을 막고 박테리아까지 제거하기 때문에 감염 질
환 치료에 많이 쓰인다.

　더불어 공기 청정 기능이 있어 실내에 확산시키면 살충 효과와
각종 냄새를 제거할 수 있으며, 신선한 향기를 유지할 수 있다.
또한 방부 효과가 있어 고대 이집트에서는 미라 제조에 아로마 오
일을 사용했다고 한다.

② 미용 효과

에센셜 오일은 여러 문제성 피부에도 우수한 효과를 나타낸다.

화상 입은 피부, 여드름 피부, 민감성 피부, 염증과 튼 피부에 효과적이다. 피부의 윤택과 탄력을 살려 주며, 특히 셀룰라이트를 분해하고 체내의 독소와 노폐물을 배설하기 때문에 비만 해소에도 효과가 있다. 또한 탈모 방지와 두피 보호 등 모발 관리에도 이용되고 있다.

건강하고 윤기 있는 피부를 가지고 싶은 것은 여성들의 영원한 꿈일 것이다. 머리카락과 손톱이 자라듯 피부도 안에서 바깥으로 자란다. 그런데 피부에 기미, 주근깨 그리고 검버섯이 생긴다면 피부의 표면뿐 아니라 장기의 내부 표면에도 그런 것이 생겼을 가능성이 크다. 즉, 혈액 속의 독성 축적, 호르몬 불균형, 또는 신경이나 감정적 장애 등이 피부 표면으로 나타나 여러 가지 피부과적 질병을 일으키는 것이다.

기미의 뿌리는 없는 것 같지만 아무리 표백하여도 계속 올라오는 것을 보면 눈에 보이지 않는 뿌리가 있는 것이다. 피부의 표면이 자외선을 받아서 기미가 생기는 것이 아니라, 피부 깊이에 그 원인이 있어 피부의 성장으로 안의 원인이 밖으로 나왔을 뿐이다. 아로마테라피의 피부미용술은 마음과 육체를 치유해 그 결과로 표면에 나타나는 피부도 아름답게 보이도록 하는 건강법이다.

③ 생리적 효과

에센셜 오일의 향 성분은 코에서 뇌하수체로 전달되어 각종 성분에 알맞는 생리활성물질을 생성하며, 소화계 · 생식계의 체계를 정상화하는 데 도움을 준다. 또한 자율신경계 · 내분비계 · 면역계에 관계하는 호르몬을 분비하는 등 몸의 생리적 변화를 가져와 질병을 예방하고 치유한다.

아로마 치료의 더욱 구체적인 장점을 들자면 두통약, 해열제처럼 잡다하게 갖춰야 하는 여러 가지 가정상비약을 대신해서 모든 용도에서 간단하게 사용할 수 있다는 간편성에 있다.

- 신경정신과 질환의 증상을 완화하고 치료한다. 특히 신경성으로 생기는 스트레스 · 우울증 · 불안증 · 심신증 · 불면증에 효과적이다.
- 호흡기 질환에 효과적이다.
- 피부 질환 및 피부 미용에 탁월한 효능이 있어서, 피부 관리에 광범위하게 쓰인다.
- 각종 성인병을 예방하고 증상을 완화한다.
- 부인과 질환인 생리장애 · 폐경기 증후군 · 생리전증후군 · 질염 · 방광염 치료에 효과가 있다.
- 성 호르몬을 자극하여 성적 활력을 불어넣어 준다. 특히 불감증 · 발기불능 등 성기능 장애를 극복하는 데 도움이 된다.
- 면역력을 증진시켜 준다.
- 항박테리아, 항곰팡이균, 항바이러스 작용이 있다.
- 기억력 증진 효과나 각성효과가 있다. 치매나 학습장애에 대한 예방 및 치료관리에 응용할 수 있다.
- 치과, 한의학, 간호학적인 영역에서 광범위하게 활용되고

자살을 예방하는 방법

있다.

- 항암효과 내지 암환자 재활에 사용되고 있다.

아로마테라피의 이 같은 치료 효과는 의학적 실험으로도 검증이 계속되고 있다. 이제 아로마테라피는 단순한 대체요법의 차원을 넘어 현대인의 생활과 가장 밀접하게 호흡하고 작용하는 생활 그 자체가 되어 가고 있다.

혈액순환 · 근육 · 관절

에센셜 오일은 피부와 점막층을 통해 혈류에 쉽게 흡수되는데, 이는 전체적인 순환의 기질에 영향을 미친다. 발적성 · 발열성 오일들은 국소 혈액순환뿐 아니라 그 내부 장기에도 영향을 준다. 그들은 피부 표면에 윤기와 활력을 주며, 진통과 마비작용으로 적잖은 통증 경감 효과를 나타내기도 한다.

그와 유사한 성질을 지닌 오일들은 국소 염증에 사용되는데, 이는 체내에 매개체들을 유리시켜서 혈관을 확장시키고 그에 따라 혈액의 흐름이 촉진되므로 부종이 가라앉게 된다. 예를 들어 히솝은 전체적인 순환계의 균형을 잡아 주고 조절하는 기능을 가지고 있다. 즉, 이러한 작용으로 고혈압에는 혈압을 강하시켜 주며, 순환계가 활발하지 못하면 이를 자극시키는 역할을 하는 것이다.

호흡계

에센셜 오일은 코 · 목 · 폐의 염증에 대해 매우 효과적이다. 흡입의 형태는 오일의 속성들이 작용할 수 있는 가장 효과적인 방법이라 할 수 있는데, 그 이유는 오일의 주성분이 기관지에 도달하면 직접적으로 폐에 흡입되어, 많은 호흡기병에 유익한 기관지 분비물의 분비를 촉진시키기 때문이다.

오일들은 구강 복용보다는 흡입을 하는 것으로 더 빠르게 혈액 순환에 흡수된다. 또한 위로 흡수된 에센셜 오일들도 대부분 폐를 거쳐 배설되며, 단지 소량만이 소변으로 배설된다.

소화계

에센셜 오일들을 내복용으로 사용하는 것은 권하고 있지 않지만, 외용으로 사용하면 특정 소화과정의 변화를 초래할 수 있으며, 여러 가지의 위장 증상에 따라 그에 맞는 다양한 허벌 의료제로 사용될 수도 있다.

한 예로 담낭과 간의 증상에는 댄딜리온, 마쉬멜로우, 캐모마일, 메도우 스위트 등이 사용되는 경우이다. 그들의 효과는 쓴 맛과 탄닌, 점액 등의 아로마 성분들의 배합으로 휘발성 오일만을 사용할 때는 찾을 수 없는 효능을 나타낸다.

그러나 소화기 계통의 증상을 에센셜 오일들로 치료할 수는 있지만, 결과적으로 약초의료제의 내복에 비해서는 그 효과가 제한되어 있다고 할 수 있다. 아로마 오일을 이용하여 통증이나 문제가 있는 부위를 마사지하는 방법도 매우 효과적인 방법이다.

비뇨생식계 · 내분비계

소화계와 마찬가지로 생식 기관들도 피부를 통한 호르몬 변화뿐만 아니라, 피부를 통한 혈류로의 흡수로 영향을 받을 수 있다. 로즈나 자스민 같은 에센셜 오일들은 생식계에 대한 친화력을 갖고 있는데, 이들은 생식계를 강화시킬 뿐만 아니라 월경 장애, 생식기 감염, 성적 장애 등과 같은 특정 증상을 치료하기도 한다.

어떤 오일들은 인간의 호르몬과 비슷한 식물성 호르몬을 함유하고 있는데, 예를 들어 홉, 세이지, 펜넬과 같은 오일들은 생리주기, 유즙분비, 이차 성징에 영향을 주는 에스트로겐(estrogen) 형태의 식물성 호르몬을 함유하고 있는 것이 발견되기도 하였다.

다수의 에센셜 오일들은 갑상선(성장과 신진대사를 조정), 부신수질(스트레스 반응과 관련), 부신 피질(에스트로겐과 안드로겐, 남성 성호르몬 등의 생성을 조절)을 포함하는 여러 분비선의 호르몬 분비 수치에 영향을 주는 것으로 알려져 있다. 또한 신장, 방광, 비뇨기계의 치료에 대해서는 에센셜 오일들을 대체의학적인 역할로 기대할 수 있을 것이다.

면역계

모든 에센셜 오일에는 살균작용이 있어 백혈구의 증가를 촉진시킴으로써 감염증의 예방이나 치료에 효과가 있다. 방향식물이나 오일이 열대지방에서 말라리아나 발진티푸스, 그리고 중세에는 페스트 유행 시에 널리 사용된 것도 이러한 성질 때문이다.

에센셜 오일을 상용하는 사람들은 일반적으로 병에 대한 저항력이 강해 감기에 잘 걸리지 않고, 걸리더라도 회복이 빠르다고 알려져 있다.

④ 심리적 효과

에센셜 오일은 향에 따라 감정을 안정시키기도 하고 흥분시키기도 하기 때문에 감정 조절에 매우 효과적이다. 또한 집중력을 향상시키며 스트레스로 인한 여러 가지 신경성 장애를 치유한다. 특히 최근 들어 늘어나고 있는 노인성 치매에도 효과가 있다는 것이 임상 연구를 통해 확인되고 있다. 의약품으로는 치유되지 않았던 우울증 환자를 감귤계의 아로마 오일을 이용하여 치유했다는 연구 결과도 발표되었다. 따라서 각종 정신 장애를 겪고 있는 사람들에게도 매우 효과적인 치료 방법이 될 것이다.

신경계

최근의 연구는 수많은 오일들의 효능이 그들에 대한 전통적인 견해와 일치한다는 것을 입증하고 있다. 그 예로, 캐모마일, 버가못, 샌달우드, 라벤더, 마조람 등은 중추신경계를 진정시키는 효능이 있으며, 자스민, 페퍼민트, 바질, 클로브, 그리고 일랑일랑 등은 그 반대로 자극시키는 효과를 보인다. 하지만 일반적으로 알려진 효과와는 반대로 네롤리는 자극성이 있으며 레몬은 진정성이 있다는 것도 밝혀졌다.

　상당한 오일들이 '조화를 이루어 내는 물질(adaptogens)'로 알려지고 있는데, 이는 신체조직을 평정시키거나 정상으로 돌아오게 하는 효과가 있음을 뜻한다. 그 예로, 제라늄, 로즈우드 등은 각각의 개별적 상황에 따라 진정제 혹은 자극제로 쓰인다. '편안함', '고양되다' 등의 단어는 연관성이 있기는 하지만, 물리적인 효능보다는 향이나 기분을 표현하는 데 쓰이는 말일 것이다.

따라서 버가못, 레몬밤, 레몬 등과 같은 오일들은 신경을 안정시키지만 '정신'에는 활력을 불어넣는다. 반면에 자스민, 일랑일랑, 네롤리 같은 오일들은 신경을 자극시키지만, 미묘하게 감정을 안정시키거나 이완시킨다.

정서

에센셜 오일의 효과 가운데 사람들이 흥미를 가지고 있다고 해도 잘 이해되지 않는 분야가 바로 정서[心]이다. 옛날부터 에센셜 오일에는 감정이나 정서에 영향을 미치는 힘이 있다고 하여 오랫동안 이용되어 왔다. 종교의식이나 제례에서 향을 의식적으로 사용하였던 것도 이 때문이다.

양쪽의 후각 신경로가 대뇌(기억이나 감정을 제어)에 이어져 있기 때문에 어떤 향의 경우, 논리적인 설명이 불가능한 강한 반응이 일어나는 것도 무리는 아니다. 영국이나 일본 등의 대학에서는 최근 들어 오래전부터 믿어 왔거나 실천되어 왔던 것을 과학적으로 해명하고자 하는 연구가 행해지고 있다.

이러한 연구에서는 향에 대한 반응을 하드와이어(hard-wired) 반응과 소프트와이어(soft-wired) 반응의 두 가지 타입으로 나누고 있다. 하드와이어는 태어나기 전부터 기억되어 있는 본능적인 반응이고, 소프트와이어는 경험에 의해 배운 반응이다. 그러나 특정의 에센셜 오일의 향에 대한 심리적·감정적인 영향을 판별하는 것은 매우 어렵고, 또한 개개인의 기질에 따라 다르기 때문에 확실히 반응을 예상하는 것은 쉽지 않다.

1991년의 '향수의 심리학회의'에서는 "개개인의 약리적 효과는 유사해도 심리적인 효과는 다양하게 나타난다."라는 결론에 도달했다. 향에 대한 개인의 반응을 좌우하는 요소는 다양한데, 이에는 아래와 같은 조건에 의해서도 변한다.

- 향기가 어떻게 사용되었는가?
- 양은 어느 정도였는가?
- 적용시의 상태
- 개인차(연령, 성별, 성격유형)
- 적용시의 기분
- 향에 대한 선입관
- 후각상실이나 후각장애(특정 향에 관하여)

그러므로 치료하고자 하는 상대의 기호에 맞는 향기물질을 찾는 것이 무엇보다 중요하며, 이런 노력을 통해 개개인에 결핍된 상태를 보완하여 신체적·정신적 기능을 진전시켜야 할 것이다.

에센셜 오일들의 다양성은 개개인의 요구에 병행되어 사용될 수 있다. 그 좋은 예로 장미를 들 수 있는데, 장미는 아름다움, 사랑, 그리고 정신적 깊이 등과 연관되어 민속학과 종교 서적들에 기록되어 있다. 이러한 장미는 전통적으로 피부 문제와 여성의 생리주기를 조정하고, 순환을 촉진하며, 피를 맑게 하고, 심장 강장제로서 신체적인 건강상태를 진전시키는 데 사용되었다. 그러므로 장미의 향기를 맡았을 때 각자 개인차가 있겠지만, 이런 모든 관련 사항이 상기되어 몸과 마음에 깊은 영향을 미친다.

아로마테라피는 식물이 가진 각종 유효성분을 이용하여 신체와 정신의 항상성을 유지하고 신체와 정신의 부조화를 개선시키는 방법이다. 정상적인 건강을 되찾게 해 줄 뿐만 아니라 스트레스로 인한 불규칙적인 생활습관에서 비롯되는 보이지 않는 질병 치료에도 자연치유 효과가 뛰어나다.

❧ 약물 치유법(Drug remedy) ❧

항우울제에는 크게 두 가지 종류가 있다. 하나는 최근에 나온 것으로 이중작용항우울제 및 선택적 세로토닌억제제이고, 다른 하나는 이전에 나온 것으로 삼환계 항우울제다.

SSRI

현재 전 세계적으로 가장 흔히 사용되는 항우울제는 SSRI(Selective Serotonin Reuptake Inhibitors: 선택적 세로토닌 재흡수 억제제의 약자)이다. SSRI는 대뇌의 신경전달물질인 세로토닌의 효과를 증진시켜, 경도 및 중등도 우울증에 효과적이다.

현재 사용되는 SSRI로는 씨프람(성분명 : 시탈로프람) 혹은, 렉사

프로(성분명: 에스시탈로프람), 졸로푸트(성분명: 설트랄린), 프로작(성분명: 플루옥세틴), 세로자트 또는 팍실(성분명: 파록세틴), 듀미록스(성분명: 플루복사민) 등이 있다. 이들은 대개 비슷한 약효를 가지고 있지만, 한 가지 SSRI에 반응하지 않는 경우 다른 SSRI로 교체해서 효과가 있는 경우도 있다.

SSRI의 종류에 다라 다소 차이는 있지만, 가장 흔한 부작용은 복용 초기에 나타날 수 있는 오심(속이 울렁거림)이다. 그러나 수일이 지나면 자연적으로 사라지는 경우가 많다. 고용량을 사용해야 하는 경우에는 지속될 수도 있는데, 심한 경우 외에는 다른 종류의 약물로 바꿀 필요는 없다.

한 가지 부작용은 성욕의 감퇴와 사정의 연기 또는 어려움(남성), 오르가즘의 어려움(여성)이다. 특히 고용량에서 잘 나타나는데, 약물을 끊으면 원상회복된다. 이런 부작용이 생기면 담당의사와 의논하는 것이 좋다. 우울증 자체가 성 기능에 영향을 주기 때문에 이런 현상이 우울증 자체의 문제인지 약물의 부작용인지 구별할 필요가 있다. 또한 필요한 경우, 다른 약물을 추가하는 등의 조치로 회복할 수 있기 때문에 반드시 상의를 하는 것이 좋다.

일반적으로 SSRI는 매우 안전한 약물이지만, 특히 이들 중 씨프람, 렉사프로, 졸로프트 등이 약물 상호 작용이 적어 다른 약물과 함께 복용하더라도 문제가 생기는 것을 피할 수 있어 권장되고 있다.

이중작용항우울제

다른 약물로는 이중작용항우울제가 있으며, 이를 사용하는 이들이 늘고 있다. 이중작용항우울제는 대뇌의 신경전달물질인 세로토닌과 노르아드레날린의 효과를 증진시킨다. 이중효과 조제품에는 현재 두 가지 사용 가능한 약물이 있다. 이는 이펙사(성분명: 벤라팍신)와 멀타자핀이다.

① 벤라팍신

이 약물은 비교적 중증의 우울증에 흔히 사용하는데, 용량이 증가할 경우 혈압에 영향을 미칠 수가 있다. 따라서 고혈압이 있거나 고혈압의 가능성이 있는 경우에는 사용하지 않는 것이 원칙이다. 따라서 약물의 사용 중 혈압이 올라가는 경우에는 반드시 주치의와 상의해야 한다.

② 멀타자핀

진정작용이 강한 항우울제이다. 불면증이니 심하거나 불안, 초조가 심할 때 흔히 사용하는데, 초기에는 오히려 잠들기가 어려운 경우도 생길 수 있지만 일반적으로는 졸음이 많이 온다. 또 식욕이 증가하는 경우가 많아 장기간 사용 시 체중 증가가 많은 편이다.

삼환계항우울제(TCA)

TCA는 대뇌의 신경전달물질인 세로토닌과 노르아드레날린을 증진시키고 대뇌신경계의 다양한 수용기관을 차단하는 역할을 한다. 따라서 SSRI와는 조금 다른 효과를 나타내며, 부작용도 더 많이 발생한다. 여기에는 특히 센시발(sensival, 성분명: 노르트리프타 일린), 아나프라닐(성분명: 크로미프라민), 그리고 이미프라민(성분명: 이미프라민)이 포함된다. TCA는 SSRI에 충분한 효과를 나타내지 않는 중증 우울증에 특히 사용된다.

TCA를 복용할 경우 생길 수 있는 부작용은 다음과 같다.

• 입이 바싹 마름
• 변비
• 땀을 많이 흘림
• 근시(특히 젊은이의 경우)
• 배뇨 장애 (특히 전립선 비대증을 앓고 있는 중장년 남성의 경우)
• 현기증(특히 앉아 있거나 누워 있다가 일어날 경우)
• 체중 증가
• 손이 가볍게 떨림
• 심장박동에 영향 (특히 과다 복용할 경우)

따라서 나이가 많거나 허약한 사람들, 관상동맥 질환을 가진 경우, 그리고 중증 심장박동 장애를 가진 사람들의 경우 TCA 복용을 금해야 한다.

자살, 예방 교육이 중요하다

자살예방은 방법론도 중요하지만 실제로는 실천이 매우 중요한 문제로 남고 있다. 사회가 자살예방에 부응해 얼마나 많은 생명을 건지느냐의 문제는 사회의 실천에 달렸다. 사회의 자살예방 실천은 일단 사회 구성원의 관심에서 출발한다. 사회가 관심이 없으면 소용없는 일이기 때문이다.

삶의 위기와 예방교육

삶의 위기는 인생의 과정 중 하나이다. 삶이란 일정 기간에는 상승하는 경우도 있지만 때로는 하강의 세월도 있다. 이렇게 올라가고 내려가는 것을 반복하는 것이 삶이다. 언제나 승승장구하는 경우만 있지도 않고, 끝없이 추락하는 경우만 있는 것도 아니다. 우리 인생은 밤과 낮이 교차하듯 성공과 실패, 상승과 하강으로 이어지는 긴 여정이다. 이런 인식을 기초로 위기에 대처하는 태도가 필요하다.

위기란 스스로 해결하기 어려운 상황에 처하는 순간이다. 이런 순간은 때로 갑작스런 사고를 부르는 경우도 있으므로 그 대응이 중요하다. 더욱이 이런 위기 순간에 사람들은 다른 이들과의 관계를 차단하고 혼자 외로워지려 노력한다. 이런 현상은 위기를 극복하기 어렵게 만드는 요인이 되는 점에서 자살 위험도 높아진다. 특히 감당하기 힘든 사고를 당한 사람이나 심리 및 정신질환에 시달리는 사람들은 더욱 취약하다.

이런 사람들을 위한 예방교육을 한다면 매우 효과적으로 예방하고 대처하는 데 도움이 될 수 있다. 자살충동으로 고통받거나 정신 건강에 문제를 가진 사람들은 사회적인 편견과 오해 때문에 타인에게 적절한 도움을 구하거나 도움을 받아들이는 것을 겁을 내고 포기하기 쉽다. 이런 현상은 자살예방교육으로 반드시 개선되어야 한다.

생명 존중에 대한 교육

자살 예방에서 더 적극적인 방법은 생명에 대한 존중을 인식하는 것이다. 개인의 인식은 변화를 일으킬 수 있다는 점에서, 이런 교육은 자주 할수록 효과가 있다. 현대의 생명경시 풍조는 신앙에서도 확산되고 있다. 얼마 전만 해도 우리는 사람이 죽으면 놀라는 분위기였지만, 어느새 사람이 죽었다 해도 그다지 놀라지 않는다. 이는 현대사회에 와서 죽음이 대량화되는 점도 인식에 변화를 가져온 측면이 있다.

죽으면 모든 것이 끝이라는 생각도 문제다. 자살하면 자기 삶도 끝나고 그에 따른 고통도 사라진다고 생각하는 것이다. 이는 다름 아닌 생명의 포기다. 단순히 '죽으면 천국에 간다'는 식으로 믿는 사람이 있다. 이는 죽음에 대한 이해가 별로 없는 것이다. 죽음에 대한 이해가 없다는 사실은 삶에 대한 이해도 부족하다는 것을 시사한다.

이런 죽음에 대한 오해는 어려운 일을 당했을 때 죽음을 이상화시킬 수 있다. 남들이 잘 알지 못하는 죽음은 모든 것을 아름답게 만들어 주는 차원일지 모른다는 생각을 하는 것이다. 물론 자살하는 사람들에게는 단순히 개인적인 이유가 아닌 사회 병리적인 현상이나 구조적인 문제, 자살과 죽음에 대한 오해 등이 복합적으로 작용하게 된다.

그러나 이런 여건에도 생명에 대한 존중이나 그에 따른 인식이 분명하다면, 쉽게 자살을 선택하지 않을 뿐 아니라 어려움을 극복하려 노력할 것이다. 생명의 끝을 알고 사는 사람이야말로 사는 동안 보람과 긍지를 가질 수 있다.

웰빙과 웰다잉 교육

잘 사는 것이 웰빙(well-being)이라면 잘 죽는 것을 웰다잉(well-dying)이라 한다. '건강한 삶'과 '건강한 죽음'이다. 이 둘은 개념적으로 삶과 죽음의 문제로 갈리지만, 내용에 있어서는 서로 연결돼 있다. 잘 사는 것이 잘 죽는 것이고, 잘 죽는 것이 잘 사는 것으로 연결되기 때문이다. 잘 죽는 것을 생각하는 사람이 잘 살지 못하고, 잘 사는 사람이 잘 죽는 것을 모를 리 없다.

우리는 사형수의 마지막 증언에서 이를 간접 경험한다. 사형수들의 마지막 동영상을 보면 '저 사람이 어떻게 그런 끔찍한 일을 저질렀을까?' 하고 놀라는 경우가 많다. 이전과는 너무나 달라진 모습을 보노라면 도저히 사형수 같지 않다. 그러나 그들이 잔혹한 행위를 저지른 뒤에 아무리 후회한다 해도 이미 때는 늦은 것이다.

살아 있을 때 죽음에 대해 미리 생각해 보고 준비했더라면, 그런 끔찍한 일을 저지르지는 않았을 것이다. 그러기에 죽음의 준비라는 것은 단순히 죽음을 준비하는 것이 아니라, 자신의 삶을 돌아

보면서 좀 더 가치 있게 살라는 의미로 연결된다. 가급적 일찍부터 자신의 삶을 돌아보면서 가치 있게 살아야 한다. 이는 건강한 삶과 건강한 죽음을 맞이하기 위해 웰빙과 웰다잉의 교육이 얼마나 필수적인가를 깨우쳐 주는 대목이다.

불행하게도 사람들은 아주 늦게, 심지어는 자신이 죽어 가고 있다고 느낀 후에야 비로소 죽음을 생각하면서 지나간 삶을 후회한다. 이런 점은 잘못된 죽음에 대한 의식의 전환이 시급함을 시사한다. 죽음에 대한 오해와 자살 사망률의 급증은 밀접한 관계가 있다. 인간으로서 존엄하게 밝은 미소로 삶을 마무리하는 사람이 거의 없는 우리 현실에서 가장 불행하고도 불량한 죽음의 형태인 자살이 늘어나는 것은 당연한 현상이다.

그런 점에서 종교교육에서도 단순히 '죽으면 천국 간다'는 막연한 교육을 넘어서야 한다. 본격적인 교육을 통해 더 의미 있는 삶을 살도록 하고, 죽음을 한층 편안하게 맞이하도록 교육할 필요가 있다. 이는 죽음에 대한 준비 교육이면서 삶을 충실하게 살아가는 교육이자, 결국은 자살예방 교육이다.

선진국에서는 이미 죽음에 대한 교육을 실시하고 있다. 독일은 죽음을 준비하는 교육 전통을 오래도록 지니고 있다. 교회의 주일 설교와 일상의 장에서 사람들은 늘 죽음에 대해 배우고 있다. 또 1980년대 이후 학교 교과과정에 죽음 준비교육 프로그램을 정식으로 포함시켜, 국공립학교 교과과정상 매주 두 시간 있는 종교시간에 이를 다루도록 하고 있다. 미국도 1960년대부터 죽음 준비교육이 시작돼 지금은 초등학교부터 대학까지 정식 교과과정에 포함돼 있으며, 평생교육 차원에서도 병행 실시되고 있다. 일본도 2002년부터 이를 학교교육에 포함시켰고, 2005년 400만 달러 규모로 죽음준비 교육과정 개발예산을 책정했다.

이런 것에 비하면 우리나라에서는 살아가는 교육에만 치중돼 있다는 느낌이다. 입시 위주의 지나친 경쟁에 치중돼 있어 진정한 삶의 의미와 죽음에 대한 것을 가르칠 여유가 없다. 청소년기, 장년기, 그리고 노년기에 죽음을 준비하는 교육을 통해 의미 있게 살아가는 것을 가르치고, 삶의 필요성을 더 잘 교육할 수 있을 것이다.

상담전문가의 기용 및 활용

각종 정신병을 앓고 있는 사람들이나 생활에서 심각한 문제를 안고 있는 사람들이 있다. 이들은 보호가 필요하지만, 개인의 생활은 스스로 알아서 해야 한다는 전제 하에 개인보호정책이 이뤄지고 있기 때문이다.

생명의 전화는 1973년 아가페의 집을 시작으로 시민자원봉사단을 중심으로 하는 24시간 전화상담 서비스를 제공해 오고 있다. 수원시 자살예방센터 역시 2001년부터 자원봉사단에 의한 24시간 전화상담실을 운영해 오다, 최근 들어서는 온라인 상담 서비스를 제공하고 있다.

보건복지부는 2005년 자살 및 정신질환 고위험군을 대상으로 하는 24시간 전국 공통전화인 1577-0199를 개설하여 전국 정신보건센터를 중심으로 운영하고 있다. 서울시는 2004년 '서울 정신건강 2020 프로젝트'를 통해 '애니타임 응급 서비스 체계'를 구축하고, 이를 위해 2005년부터 서울시 광역정신보건센터를 설립하고 위기관리팀을 운영하기 시작했다.

이 서비스의 특징은 전국 공통 전화인 1577–0199를 대표번호로 사용하면서 서울시 전역의 창구를 일원화해 24시간 체제로 운영하며, 정신보건 전문요원에 의한 좀 더 전문적인 서비스 체계를 구현하고, 응급출동 체계 구축을 통해 상담 이후의 즉각적인 개입도 가능하도록 한 것이다. 또 광역센터 위기관리 서비스는 기존의 지역정신보건 서비스 체계 및 정신의료 시스템과의 네트워크를 통해 치료와 관리가 필요한 대상자를 연계하고 지원함으로써 잠재적 자살 위험을 최소화하고자 노력하고 있다.

더불어 자살예방을 전면에 내세우고 있지는 않지만 사랑의 전화, 여성의 전화, 한국성폭력상담소, 가정폭력 상담소, 청소년 상담전화 역시 자살 고위험군에 대한 상담 서비스를 제공하고 있다. 이러한 서비스 체계와의 네트워크 구축은 효율적 자살예방 시스템 구축을 위해 매우 중요한 부분이다.

아무리 딱 죽게 생긴 상황일지라도

다음이라는 기회가 있고,

다음이라는 기회를 살리는 방법으로 시작이 있다.

'다시'가 실패하는 경우를 위해

'또다시'라는 용어도 준비되어 있다.

_또 다시

자살은 자신의 죽음을 초래할 의도를 가지고 자신의 생명을 끊는 행위로 정의합니다. 그러므로 자살은 예방이 가능합니다. 그렇다면 자살 예방의 가장 효과적인 방법은 무엇일까요? 주위에서 누군가 위험신호를 알아차렸다면, 당사자에게 요즘 자살을 생각하고 있는지 물어보는 것이 가장 효과적인 방법입니다.

대한민국이 자살자가 늘어난 이유는 무엇일까요? 자살이 급격하게 늘어난 시기의 사회적 현상에 주목할 필요가 있습니다. 1998년 IMF 사태 당시 자살사망자가 급증한 이후, 해마다 자살사망자는 늘어나는 추세입니다. 게다가 2000년대는 경제적 양극화, 실업 대란, 가정파탄, 세계경제침체 등이 더해졌습니다.

자살을 시도하려는 사람은 단지 자신이 어려움을 겪고 있는 한정된 기간 동안에만 그러한 경향을 보이므로 결국 주위에 있는 사람이 특정 기간에 그 징후를 잘 파악하는 것이 중요합니다.

▶ 자살! 이렇게 예방하자

1. 가족 간에 관심을 갖고 대하기
일상생활에서 불안감을 느끼거나 권태로워 하고 우울증과 비슷한
증상을 보이는 사람이 있다면, 더욱더 눈여겨보고 지속적인 관심
을 가져야 합니다.

2. 소통 · 대화하기
상대방의 감정표현을 그대로 받아들이고 공감하는 대화가 필요합
니다. 일방적 의사소통이 아닌 쌍방향 의사소통이 중요합니다.

3. 좀 더 적극적인 행동으로 도움 주기
주변에 혹시 자살도구로 사용할 수 있는 위험한 물건이 있다면 모
두 치우고, 위험한 장소에서 벗어나게 하는 등 좀 더 적극적인 행
동을 할 필요가 있고, 관련 전문기관에 도움을 요청하는 것이 중
요합니다.

4. 사회적으로 접근하기
자살은 알코올, 우울증 등과 관련이 깊습니다. 술을 권하고 탐닉
하는 사회, 알코올 의존증 환자가 증가하는 사회, 우울증 환자가
넘쳐나는 사회를 지양하고 물질만능주의, 급격한 고령화, 치열한
경쟁사회, 개인주의, 해고와 실업, 복지안전망 미비 등 우리 사

회에 만연한 건강하지 못한 정치 · 경제 시스템을 개선해 나가야
합니다.

자살은 고대시대로부터 현재까지 지속되어 왔고, 앞으로도 계
속될 현상입니다. 자살은 인간의 행동 중에서 가장 이해하기 어
렵고 복잡한 현상 중에 하나이기 때문에 그 원인을 규명하는 것은
쉽지 않습니다.

자살을 어떤 하나의 원인으로 해답을 내리기는 어렵습니다. 개
인적인 고통, 조직사회의 관계의 어려움, 세상에 대한 원망, 경
제적 난관, 물질적 고통, 학업 문제, 소통의 부재……. 이처럼 자
살의 원인에는 다양하고 복잡한 요인들이 있습니다. 지극히 인간
적인 문제인 것입니다.

국가마다 사회 · 경제 · 문화적 배경에 따라 자살의 특징이 서로
다르게 나타나고 있으며, 같은 나라에서도 시대에 따라 사회 · 경
제 · 문화 · 정치적인 상황의 변화로 인해 자살의 특징과 원인도
변화할 수 있습니다. 그러므로 자살의 문제에 효과적으로 대처하
기 위해서는 자살의 종합적인 특징을 파악하고 접근과 전략이 필
요할 것입니다. 우리나라 상황에 맞는 범국민적 자살예방 전략이
필요한 때입니다.

대한민국 국민의 한 사람으로서 죽음을 선택한 사람들을 어떻
게 도울 수 있을까요? 우리 모두는 내가 사랑하는 사람들이 스스

로 목숨을 끊어버리는 선택을 하지 않도록 지지하고 예방할 의무
와 책임을 가지고 있음을 명심하고, 주위에서 도움을 필요로 하
는 사람에게 따뜻한 위로의 한마디, 작은 손길을 내밀어 주시기
바랍니다.

(사) 한국자살예방교육협회

대표 김 정 훈

www.한국자살예방교육협회.org

자살,
가장 불행한 선택

초판 1쇄 인쇄일 2016년 7월 1일
초판 1쇄 발행일 2016년 7월 11일

지은이 고유미·김언주·김정훈·김현희 심경란·조은숙
펴낸이 양옥매
디자인 남다희
교　정 조준경

펴낸곳 도서출판 책과나무
출판등록 제2012-000376
주소 서울특별시 마포구 방울내로 79 이노빌딩 302호
대표전화 02.372.1537 **팩스** 02.372.1538
이메일 booknamu2007@naver.com
홈페이지 www.booknamu.com
ISBN 979-11-5776-223-1(93180)

이 도서의 국립중앙도서관 출판시도서목록(CIP)은 서지정보유통지원 시스템
홈페이지(http://seoji.nl.go.kr)와 국가자료공동목록시스템
(http://www.nl.go.kr/kolisnet)에서 이용하실 수 있습니다.
(CIP제어번호 : CIP2016016000)

고유미

For you 희망교육센터 소장

한국자살예방교육협회이사(목포지부 운영)

국가인성교육진흥협회이사(전남지부 운영)

목포대학교 교육심리학 석사, 박사과정

아들러 상담학회 이사

논문 : 사회정서적 인성교육 프로그램이 청되는 자아탄력성 및 자기

효능감에 미치는 영향

chal3354@hanmail.net

김언주

춘해보건대학교 간호학과 겸임교수

글로벌간호학원(부설요양보호사교육원) 원장

대한아로마테라피학회 부회장

국제치매예방협회 울산지부장

건강보험공단 치매전문강사

노인건강전문교육강사

정신보건전문요원 1급(정신보건전문간호사)

인제대학교대학원 보건행정학 석사

보건복지부장관표창 (2011)

KBS아침마당, 울산mbc(홈닥터), 세상발견유레카 등 출연

공저 : 아로마테라피 기초에서 치료까지

ellisya@hanmail.net

김정훈

현)한국자살예방교육협회 회장

현)국가인성교육진흥협회 회장

현)한국생활안전교육협회 회장

현)청소년문화공동체 양평십대지기 대표

현)시냇가에심은나무교회 담임목사

현)서울기독교청소년협회 협회장

현)한국교육협회 이사장

전)한양대학교 부동산경영학과 교수

전)여주대학교 유통관리, 부동산 교수

미국 월드크리스찬대학교 명예교육학박사, 상담학박사

웨스트민스터대학원대학교 사회문학교육학박사(사회복지전공과정)

백석대학교실천신학대학원, 강남대학교일반대학원, 한국방송대학교

교육학, 법학, 사회복지학, 신학, 상담심리학, 부동산학 전공

저서 : 자살예방학개론, 위기상담학, 인성교육지침서, 학교폭력예방

지침서, 윤리학개론, 교육학개론, 청소년사역 등

j5004j@hanmail.net

자살, 가장 불행한 선택

김현희

현)한국자살예방교육협회 제주도지부장

현)국가인성교육진흥협회 제주도지부장

현)한국교육협회 대표교수

현)한국생활안전교육협회 이사

현)국민안전문화포럼 운영위원, 행복한 삶 연구원

전)서울사이버대학교 15대 제주지역회장

현)제네시스대학교 명예상담학박사, 서울사이버대학원 상담심리 전공, 군·경상담심리 전공, 심리상담지도사, 코칭심리 전공, 행복한 삶 전문강사, 자살예방전문강사, 인성리더십교육지도사, 학교폭력예방지도사, 스피치강사, 마술사, C/S강사, 카네기코치, 병원서비스코디네이터, 스트레스관리사, 웃음치료사, 성희롱예방강사, 사회복지사

dkffkels18@hanmail.net

심경란

라임아동발달센터 원장

단국대학교 일반대학원 특수교육과

코헨대학교 상담대학원 뇌치유상담학과 박사

경기대 상담개발원 심리상담사

언어장애전문가, 언어재활사

뇌중독심리상담사

PTSD 심리상담사

에니어그램 강사

미술심리상담사

가정문제상담사

laurasim@nate.com

조은숙

현)한국생활안전교육협회 이사

현)한국자살예방교육협회 대표강사

현)국가인성교육진흥협회 대표강사

현)한국교육협회 대표강사

현)제주한마음병원 책임간호사

현)제주한라대학교 간호학과 실습지도 강사

현)한국웃음임상치료학회 평생회원

현)자살예방전문강사, 학교폭력예방지도사, 인성리더십교육지도사, 심리상담사, 병원서비스코디네이터, 웃음임상치료사, 웃음운동전문강사, 스트레스 관리사

제주대학교 간호학 석사

석사논문 : 웃음치료프로그램이 독거노인의 우울, 고독감 및 대인관계에 미치는 효과(2016)

eunsuk7486@hanmail.net

자살. 가장 불행한 선택